MUDE ou MORRA

RENATO MENDES e RONI CUNHA BUENO

MUDE ou MORRA

TUDO QUE VOCÊ PRECISA SABER PARA FAZER CRESCER
SEU NEGÓCIO E SUA CARREIRA NA NOVA ECONOMIA

Planeta ESTRATÉGIA

Copyright © Renato Mendes, 2018
Copyright © Roni Cunha Bueno, 2018
Copyright © Editora Planeta do Brasil, 2018
Todos os direitos reservados.

Preparação: Elisa Martins
Revisão: Amanda Zampieri e Huendel Viana
Diagramação: Futura
Capa: adaptada do projeto gráfico de Organica

CIP-BRASIL. CATALOGAÇÃO NA PUBLICAÇÃO
SINDICATO NACIONAL DOS EDITORES DE LIVROS, RJ

Mendes, Renato
    Mude ou morra: tudo que você precisa saber para fazer crescer seu negócio e sua carreira na Nova Economia / Renato Mendes, Roni Cunha Bueno. – São Paulo: Planeta do Brasil, 2018.
    160 p.

ISBN: 978-85-422-1239-6

    1. Sucesso nos negócios 2. Empreendedorismo 3. Administração de empresas 4. Serviços ao cliente I. Título II. Bueno, Roni Cunha.

18-0060   CDD 650.1

2018
Todos os direitos desta edição reservados à
EDITORA PLANETA DO BRASIL LTDA.
Rua Padre João Manuel, 100 – 21º andar
Ed. Horsa II – Cerqueira César
01411-000 – São Paulo-SP
www.planetadelivros.com.br
atendimento@editoraplaneta.com.br

SUMÁRIO

PREFÁCIO..7

PARTE I – A NOVA ECONOMIA: o que é, como funciona e tudo que você precisa saber para se dar bem nela..................11
O MUNDO MUDOU...13

PARTE II – EMPREENDENDO NA NOVA ECONOMIA: do propósito a uma boa ideia testada com clientes..........................67
O QUE MOVE VOCÊ? #PROPÓSITO..........................69

PARTE III – A GESTÃO DE UMA EMPRESA NA NOVA ECONOMIA.103
PARA ONDE VAMOS? #SEUBARQUINHO......................105

NOTAS 153

AGRADECIMENTOS 157

PREFÁCIO

Marcio, afinal, qual o segredo da Netshoes?

Já perdi as contas de quantas vezes ouvi a pergunta acima. Vinha de gente que buscava entender o sucesso da empresa que fundei com meu primo naquele estacionamento da rua Maria Antônia e que se tornou a primeira companhia brasileira a fazer seu IPO na Bolsa de Nova York com muitos planos de seguir transformando positivamente a vida das pessoas. A resposta costuma frustrar aqueles que buscam uma receita de bolo ou um segredo desconhecido, mas eu sigo dizendo a mesma coisa.

Não existe fórmula mágica. Não existe sacada de gênio. Não existe trabalho fácil. Existe gente trabalhando duro todos os dias, errando, aprendendo, evoluindo com velocidade e sempre, sempre, ouvindo o cliente e fazendo o melhor possível para encantá-lo. Não tem dia fácil. Não tem vitória que não seja suada. Nada vem de graça. É por isso que, para mim, o segredo da Netshoes são as pessoas que nela trabalham ou trabalharam e a cultura corporativa que fomos capazes de construir aqui dentro. Simples assim. Complexo assim.

Nossa cultura nada mais é que nossa forma de fazer as coisas: com simplicidade, com agilidade, com foco no resultado, sem limites, com olhar de dono e, principalmente, com muita paixão e valorização das pessoas. Esses são nossos valores. Renato e Roni vivenciaram essa nossa realidade por muitos anos, de forma intensa, sempre dividindo o mesmo propósito de inovar, testar, avaliar, melhorar e escalar.

E, se existe alguma fórmula de sucesso, acredito que o segredo é entender que vivemos uma transformação digital, tanto na forma como nos relacionamos e realizamos nossas transações, quanto na forma como nos comportamos. A partir daí, seremos capazes de nos transformar continuamente para construir negócios que respeitem e, principalmente, superem as necessidades dos clientes.

Definitivamente, a evolução exponencial da tecnologia provoca uma ruptura na sociedade. Tudo está disponível a poucos cliques, com abundância de informação gratuita, a qualquer hora e em qualquer lugar, até mesmo na palma de nossa mão. Isso estimula novos hábitos e comportamentos. O produto não é mais o diferencial, a boa execução e a contínua evolução do serviço são quem ganham o jogo. Do dia para a noite, sua ideia inovadora pode se tornar obsoleta. Não foram poucas as empresas, até mesmo multinacionais de grande porte, que sucumbiram ao não fazer a leitura dessa nova dinâmica. O cliente é o protagonista da nova economia, e sua voz ecoa com agilidade e influência pelos canais digitais. Pode ser ele seu maior embaixador de marca e fonte de *insights* importantes para o negócio, assim como o maior detrator de sua reputação.

PREFÁCIO

Para mim, ler este livro é, de alguma maneira, reviver um pouco do que vivenciamos ao longo dos anos de transformação na Netshoes, porque ele materializa muito das coisas que sempre praticamos na companhia. Hoje, a Netshoes é uma referência global, mas a trajetória até aqui foi de muitas tentativas, erros e aprendizados.

Espero que a leitura desta obra possa servir de inspiração a muitos novos empreendedores, afinal não há atalhos fáceis para o sucesso. Há um caminho de muito trabalho, que, combinado com a capacidade de rápida leitura e adaptação às mudanças da sociedade, certamente nos levará às respostas que buscamos para nossa evolução.

Marcio Kumruian, Fundador e CEO *da Netshoes*

PARTE I

A NOVA ECONOMIA: O QUE É, COMO FUNCIONA E TUDO QUE VOCÊ PRECISA SABER PARA SE DAR BEM NELA

ACORDE! NADA MAIS SERÁ COMO ANTES.

O MUNDO MUDOU

Faça este exercício: vá a uma escola de crianças entre 7 e 8 anos e pergunte a elas o que querem ser quando crescer. Você deve ouvir coisas como "astronauta" ou "jogador de futebol". Ok, pode até ser que você esteja diante de um novo Ronaldo ou de um futuro profissional da Nasa, mas o que esses meninos não sabem – nem você – é que, quando chegar a hora de escolher uma profissão, mais da metade dessa turminha vai seguir uma carreira que ainda nem existe. Sim, essa é a previsão do Fórum Econômico Mundial: 65% das crianças que entram na escola hoje trabalharão em áreas que ainda não foram criadas.[1] Muitas carreiras nascerão e, claro, várias outras deixarão de existir.

O mundo está mudando. "Mas ele está permanentemente mudando", você pode dizer. É verdade. Entretanto, agora as mudanças estão acontecendo em um ritmo nunca visto antes. Os ciclos de inovação estão cada vez mais curtos e isso causa impactos na economia global, na ascensão e queda de alguns países e empresas, na relação de marcas e seus consumidores, no mercado de trabalho e, claro, na forma como você vive a sua vida.

Nunca tivemos tanta informação disponível e essa parece ser uma das causas da velocidade com que tudo isso está acontecendo. Segundo estimativa do pensador Buckminster Fuller, em seu "Knowledge Doubling Curve", até 1900 o conhecimento humano dobrava aproximadamente a cada século. Dali ao fim da Segunda Guerra Mundial, passou a dobrar a cada 25 anos. Hoje, só para se ter uma ideia, o conhecimento humano dobra, em média, a cada treze meses. E, de acordo com a IBM, a construção da Internet das Coisas poderá levar à duplicação do conhecimento a períodos de doze horas.[2] Estamos dizendo que algo que levava cem anos para acontecer agora poderá ocorrer em metade de um dia. E como é o conhecimento que alavanca a transformação, o mundo seguirá mudando em um ritmo cada vez mais alucinante.

Para perceber como isso ocorre na prática, basta olhar ao seu redor. Ou você não notou que cada vez menos pessoas vão às bancas de jornal do seu bairro? O jornaleiro logo ganhará mais dinheiro vendendo balas e bebidas do que revistas e jornais – se já não ganha. Ele está perdendo negócios à medida que as pessoas passam a ler tudo em *smartphones* e *tablets*. E os agentes de viagem que ficam sentados atrás de uma mesa, esperando que alguém chegue para planejar suas férias, até quando vão durar? Com sites como Booking.com, Google Flights e Airbnb, qualquer um pode reservar hotel ou alugar um apartamento sozinho, falando com gente do mundo inteiro e escolhendo o lugar no planeta que mais tenha a ver com seu bolso ou seu estilo de viagem. Sem intermediários. Sem sair de casa. Quer falar sobre o impacto do WhatsApp e do Skype na forma de nos comunicarmos com nossos amigos, ou podemos parar por aqui? Todos os setores da economia sofrerão uma transformação disruptiva por conta do digital. É uma questão de tempo. Você está pronto para isso?

Um dos aspectos dessa transformação que mais nos interessa está relacionado à adaptação das empresas e dos profissionais a esse novo mundo. Uma grande seleção natural corporativa está acontecendo bem debaixo do seu nariz. Empresas novas estão fazendo as antigas comerem poeira. Seja sincero, se você fosse um investidor, apostaria seu dinheiro nas velhas cooperativas de táxi após o surgimento de empresas como Easy Taxi, 99 e Uber? Nós, não! Não é preciso ser especialista para saber quem está saindo na frente. Basta estar vivo e experimentar esses novos serviços e produtos da perspectiva do cliente para entender quem representa o futuro e quem ficou no passado.

Tome como exemplo o que a Netflix fez com a Blockbuster e está fazendo com a TV aberta. Vamos tornar isso um pouco mais lúdico e divertido. Imaginamos aqui como seria um diálogo entre os executivos de um canal de TV aberta e os da Netflix com alguns consumidores comuns. Na nossa visão, seriam mais ou menos assim. O primeiro com a TV aberta. O segundo com a Netflix. Vejam o que eles dizem e voltamos a seguir.

Diálogo 1

TV ABERTA: Quer assistir a uma história legal?
CONSUMIDOR: Quero! O que é?
TV ABERTA: O nome é novela e passa todos os dias às 21h.

CONSUMIDOR: Mas às 21h eu tenho aula na faculdade/natação/ que colocar meu filho para dormir/trabalho/que ficar com a minha namorada (escolha uma resposta).
TV ABERTA: Quer assistir? É do meu jeito! Às 21h em ponto na sua TV!
CONSUMIDOR: Dá para ver do celular?
TV ABERTA: Hummmm... não!
CONSUMIDOR: Ok, vou para casa e vejo. Às 21h, né?

// QUANDO A TAL DA NOVELA COMEÇA A ESQUENTAR, PINTA UM INTERVALO //

CONSUMIDOR: Ei, por que parou? Eu não quero ver esse sabão em pó!
TV ABERTA: Minha novela, minhas regras. Meu modelo de negócio só funciona assim.
CONSUMIDOR: Grrrr... ☹

// QUANDO FICA BOM MESMO, ACABA O CAPÍTULO //

CONSUMIDOR: Que incrível, quero mais!
TV ABERTA: Amanhã, mesmo bat-horário, mesmo bat-canal.
CONSUMIDOR: Mas eu quero agora!
TV ABERTA: Já disse: minha novela, minhas regras. Tenho que rentabilizar esse troço.
CONSUMIDOR: Grrrr...

Diálogo 2

NETFLIX: Quer assistir a uma história legal?
CONSUMIDOR: É a tal novela?
NETFLIX: O nome é série e...
CONSUMIDOR: Já sei, é tipo uma novela! Que horas passa?
NETFLIX: A hora que você quiser. Pode ver na TV, tablet, celular...
CONSUMIDOR: Mesmo? Qualquer hora, onde eu quiser? Sei não, tá estranho isso... Tem intervalo?
NETFLIX: Sem intervalo.
CONSUMIDOR: Mas esse modelo de negócio para de pé?
NETFLIX: Sim, você paga uma assinatura mensal. Ah, e eu lhe dou a série inteira, você pode assistir a tudo de uma vez se quiser.
CONSUMIDOR: S2

Voltamos para comentar. Antes de mais nada, sei que muitos de vocês jamais assistiram a uma série inteira em um fim de semana na Netflix, mas, acreditem, algumas pessoas fazem isso!

Mas vamos ao que importa:

Deu para perceber quem está ganhando esse jogo? Quem representa a velha economia e quem representa a nova?

Deu para perceber quem coloca o cliente no centro da estratégia?

Será que esses dois aspectos têm algo em comum? Qual a relação de tudo isso com essa revolução – não tão – silenciosa que estamos vivendo?

Vamos começar entendendo quem são essas empresas vencedoras e o que elas têm em comum. São as chamadas *startups*: Google, Facebook, Skype, Airbnb, Uber, Netshoes, PayPal, Nubank. Você nos diz qual delas prefere e nós contamos qual é o segredo. Simplificando ao máximo, podemos dizer que elas são vencedoras porque entenderam antes das demais como funciona a Nova Economia. E a regra básica desse jogo é SEMPRE colocar o cliente no centro de suas estratégias de negócios.

Na prática, o que essas empresas fizeram foi criar uma metodologia de trabalho 100% direcionada ao cliente. Elas descobriram que é sempre possível aprimorar a qualidade dos serviços e produtos ofertados, adotando uma perspectiva da busca infinita pela melhoria a partir da coleta de *feedback* de clientes. Elas escutam o que os clientes querem e, de forma muito rápida, dão isso a eles. Essa é a forma mais rápida e fácil de acelerar esse processo, trabalhando em pequenos ciclos. E repetem isso sem parar. Insistentemente.

Sabemos que é muita coisa para explicar de uma vez só. Vamos abordar cada um desses raciocínios ao longo deste livro.

Vamos começar, claro, pelo cliente. Ele sempre esteve acostumado a ser maltratado pelas marcas. Elas falavam e ele se calava. Acontece que com a chegada das redes sociais, agora ele tem voz. E se a empresa não escutar, o cliente está pronto para gritar. A Nova Economia permitiu que esse grito fosse ouvido por centenas, milhares, milhões de pessoas. Se pararmos para pensar, a tecnologia e as redes sociais subverteram uma lógica que existiu até os dias atuais quando o assunto é a relação entre empresas e clientes. De novo, antes, a empresa falava e o cliente escutava. Era a ditadura das empresas. Elas escolhiam o que queriam vender e o cliente escolhia entre as opções disponíveis para comprar. É o caso clássico do Ford preto. Você podia escolher qualquer cor para seu Ford desde que fosse a preta! A empresa empurrava e o cliente aceitava. E ficava quietinho.

Pois bem, como já apontamos diversas vezes, o jogo mudou. Como? Estamos falando de *power to the people*. Já ouviu esse termo? Numa tradução livre, seria algo como "poder às pessoas", o tal do empoderamento. É isso que essas empresas vencedoras entenderam antes das outras. Hoje os consumidores têm um poder nunca visto antes. É quase como uma ditadura do cliente! Com um telefone celular, o cliente faz muita coisa. É capaz de gerar dez novos clientes para uma marca de que gosta ou acabar com uma reputação que levou cinquena anos para ser construída. Não acredita? Em poucos segundos, seu cliente pesquisa preços, descobre o que outros consumidores estão falando de você e pede opinião de amigos sobre seu serviço. Em menos de um minuto, você pode perder uma venda! É muito fácil perdê-lo para a concorrência.

Qual a solução para isso? Não, não se trata de um Serviço de Atendimento ao Cliente (SAC) bacana que manda cartas escritas à mão para consumidores insatisfeitos. Estamos falando de realmente repensar toda sua proposta de valor para servir a um cliente cada vez mais exigente, informado e ágil.

Essa Velha Economia na qual (ainda) vivemos nasceu com a Revolução Industrial e ditou a forma como o mundo se organizou até agora. Simplificando muito, pense em uma linha de montagem. As empresas investiram em processos para ganhar escala e produtividade. De carros a refrigerantes, a ideia era produzir o máximo possível e colocar tudo nas prateleiras, até que viesse um consumidor e levasse. Segundo esse modo de pensamento, se você quisesse comprar qualquer coisa, teria que se comportar como a empresa determinasse. Na escolha do produto, na cor, na forma, no horário de funcionamento da loja etc.

Quando sequencial e repetitivo, esse processo é nota 10. Volume. Escala. Produtividade. Mas e quando houver uma interrupção na linha de montagem? Quando algo tem que ser diferente do que foi planejado? Aí, vira uma grande dor de cabeça, pois o processo tem que ser alterado. Isso gera atrasos e perdas. Sai do convencional. Entendeu agora por que o funcionário do McDonald's olha feio quando você pede seu Big Mac sem molho? Um sanduíche sem molho atrapalha a vida deles, você quebra a rotina e faz a produtividade cair. Porque aquele modelo foi feito para atender a necessidade da loja, não a sua! Cinco minutos mais tarde, quando seu lanche chega, vem com um adesivo "Especial para você" ou algo do tipo. Mas se a empresa realmente pudesse lhe dizer algo, não seria essa a frase, confie em mim.

A Nova Economia é baseada na internet e na tecnologia. Tecnologia que dá poder aos consumidores e que deixa tudo extremamente instável para as empresas. Pois o cliente pode mudar de ideia a qualquer momento, basta ele perceber que tem uma empresa fazendo melhor que a sua. Seus concorrentes, que antes estavam na sua cidade ou no seu estado, hoje estão no mundo todo. E, acredite, em algum lugar do planeta tem uma empresa fazendo exatamente o que você faz de forma mais rápida e barata. Dói, né?

Neste momento, as duas economias, a Nova e a Velha, convivem. Isso quer dizer que vivemos em um período único na história. Uma fase que aconteceu há mais de um século e que só Deus sabe quando acontecerá novamente. Temos o privilégio de viver essa ruptura que pode representar uma grande oportunidade para quem quer começar um negócio, reinventar sua carreira e sua empresa e se adaptar a essa nova ordem. É uma chance única para que pessoas comuns façam coisas extraordinárias.

Entretanto, essa convivência – entre o novo e o velho – também traz riscos. O primeiro deles, claro, é fazer parte de uma das empresas da Velha Economia, seja como dono ou funcionário. É ser parte do time que será deixado para trás. Porque, não se iluda, junto com a inovação, o surgimento de apps bacanas e a melhoria de serviços por meio da tecnologia, vem também uma quebradeira generalizada de empresas tradicionais. De companhias seculares com faturamento de milhões. De bilhões. Isso já está acontecendo. Você se lembra da Kodak? E da Blockbuster? Empresas como essas tinham tudo para capitanear a transformação e permanecer como a referência número um de seus segmentos. Mas cometeram um erro grave: achar que ser a maior bastava. Pararam no tempo e pagaram caro por isso. O mesmo pode acontecer da perspectiva do profissional. Se você parar no tempo, será devorado pela molecada que está chegando com o garfo e a faca na mão.

E é exatamente esse o outro risco de que estamos falando. Ficar parado, preso à antiga ordem, achando que está seguro, enquanto seus concorrentes, provavelmente aqueles que você nem sonhou que existiam, já nascem surfando na nova onda. Nunca foi tão perigoso sentir-se seguro. Portanto, mexa-se! Conformados vão morrer!

Para ajudá-lo nessa missão, criamos uma série de princípios que irão prepará-lo para a Nova Economia. São "Os 7 Princípios da Evolução Exponencial", sete conceitos que irão ajudá-lo a entender o funcionamento desse novo cenário e, ao mesmo tempo, poderão ser muito úteis para traçar estratégias vencedoras neste novo mundo. Eles representam a forma de pensar e agir da Nova Economia.

De onde tiramos isso? De nossa experiência em empresas da Nova Economia. Seja como funcionários, como parceiros e até como clientes. "Os 7 Princípios da Evolução Exponencial" são fruto de nossa observação e convívio com alguns dos maiores líderes da Nova Economia. Nosso trabalho consistiu em fazer a leitura desse cenário e agrupar as informações da melhor maneira possível.

É possível para resumir tudo que sabemos e vivemos em apenas sete conceitos? Claro que não. Mas eles são um guia para esta jornada. Uma bússola para quem busca o crescimento acelerado, a evolução como pessoa e como empresa. Quer conhecê-los? Apresentamos a você "Os 7 Princípios da Evolução Exponencial":

1. Cultura do cliente;
2. Sim, é possível;
3. O novo sempre vem;
4. Vamos errar;
5. Postura de dono;
6. Viva bem no desconforto;
7. Foco e obsessão.

Agora vamos detalhar cada princípio. Nosso objetivo é que você compreenda o princípio norteador de cada um deles. Os exemplos e casos apresentados são a concretização dessa nova forma de pensar e agir.

Para aqueles que querem se aprofundar nos 7 Princípios, recomendamos uma visita ao www.mudeoumorra.com.br.

1. Cultura do cliente #OrientadosAoCliente

Como já falamos, aqui quem manda é o cliente. Esse é o cara que paga sua conta. Por isso, a regra de ouro da Nova Economia é colocar o cliente no centro de sua estratégia. Isso significa servi-lo da maneira como ELE quer ser servido, não como você acha mais bacana ou como é mais conveniente para o seu negócio. Com a tecnologia, a facilidade que ele tem para escolher seu concorrente é enorme. Isso representa um risco gigantesco. Além disso, do ponto de vista financeiro, é sempre mais barato fazer um cliente atual voltar a comprar e gastar mais com você do que conquistar um novo cliente. Portanto, é hora de começar a tratá-lo melhor.

Conversamos com centenas de empresas nos últimos anos. Não conhecemos nenhuma que não se diga focada no cliente. Na verdade, focada é pouco, elas se dizem obcecadas pelos clientes; apaixonadas, dizem que fariam qualquer coisa por eles. Costumamos fazer duas perguntas que mostram em questão de segundos que esse amor incondicional na verdade é uma paixão de verão. Vamos revelar esse segredo a você.

As duas questões que mostram se você está realmente pronto para ser uma empresa orientada a seus clientes são:

1. Você está disposto a perder dinheiro a curto prazo?
2. Você está disposto a alterar processos internos para servir melhor seu cliente?

Temos certeza de que você respondeu SIM às duas perguntas. Calma! Você está mentindo para si mesmo.

Vamos começar com um caso que vivenciamos. Como a relação de um e-commerce com seus clientes é fria por natureza, foi criado na Netshoes um processo de venda assistida. Basicamente, um profissional de educação física tirava dúvidas dos clientes por chat com o objetivo de ajudá-los a encontrar o melhor produto para sua necessidade – e aumentar a conversão da loja. É um projeto muito legal porque dá ao on-line o melhor do off-line: um vendedor que realmente vai ajudar você a comprar algo. Uma grande surpresa aconteceu quando um cliente desejava adquirir uma esteira de corrida de quase R$ 3 mil, mas o consultor recomendou um produto similar com um valor 50% inferior. Na visão técnica desse profissional, o produto mais barato atenderia plenamente as necessidades daquele cliente conforme ele havia descrito. Na prática, a Netshoes estava sugerindo que o cliente gastasse metade do dinheiro que ele já estava disposto a gastar!

> Visão do chefe da VELHA Economia: "Caramba, seu imbecil, perdemos R$ 1.500!!! Você está demitido!!!".
>
> Visão do chefe da NOVA Economia (reflexivo): "Perdemos dinheiro a curto prazo, mas será que isso foi necessariamente ruim?".

- Fidelizamos um cliente – ou você acha que ele comprará na concorrência?
- A conta dele será paga a médio prazo porque ele voltará a comprar conosco, já que sabemos a frequência média de compra de clientes com esse perfil e seu gasto anual.
- Ele fará um forte trabalho de boca a boca que trará mais clientes.

- Usaremos essa história para mostrar nosso foco em oferecer a melhor experiência aos clientes (e isso ainda vai parar num livro).

Voltamos à primeira pergunta: você está disposto a perder dinheiro a curto prazo em nome da construção de uma relação de longo prazo? É disso que estamos falando. E, não, a maior parte das empresas não está disposta. Porque não faz contas considerando a lealdade do cliente. Porque não entende que o jogo mudou. O exemplo pode ser aplicado a inúmeros negócios de praticamente qualquer setor. Sempre haverá uma desculpa para dizer que não se pode abrir mão daquela receita. Já viu como o Uber estorna uma corrida? Você aperta um botão pelo aplicativo e ele faz um depósito na sua conta imediatamente. Sem *call center*. Sem chateação. Mas, meu Deus, o Uber está perdendo R$ 7! Será?

Como esse cliente se sente? Ele voltará a fazer negócios com o Uber porque sabe que a empresa o respeita e que será fácil resolver um eventual problema no futuro. Se você entende que o cliente deve ser avaliado pela lógica da contribuição que ele dá a uma empresa a longo prazo, o Life Time Value (LTV, falaremos disso mais adiante), a perspectiva é outra. Porque uma vez dentro de casa e bem tratado, ele vai voltar. E vai gastar mais. E vai comprar produtos diferentes. E vai recomendar a sua empresa para os amigos. Não queremos que você seja legal com seu cliente. Queremos que o trate de maneira correta porque ele é inteligente e voltará a fazer negócios com você se isso ocorrer (e como falaremos mais adiante: todo cliente é um difusor da experiência, e isso tem muito valor). Acontece que algumas vezes será necessário dar um passo para trás para dar dois para a frente.

Voltamos à segunda pergunta: você está disposto a alterar processos internos para servir melhor seu cliente? Queremos atender bem os clientes. Desde que eles não alterem nossa forma de fazer as coisas. Por quê? "Porque dá muito trabalho." "Porque isso sempre foi feito assim." "Porque o chefe vai ficar P da vida comigo se eu sugerir mudar este processo." E poderíamos listar dezenas de desculpas. Em resumo, ninguém quer sair da zona de conforto.

Quando você avalia sua empresa da perspectiva do cliente, muitas vezes entende que as coisas deveriam ser feitas de outra maneira. Mas, de novo, dá trabalho calcular o LTV, alterar processos, rodar testes, mudar o *mindset*, pensar... O que precisa ficar claro é que não fazer isso vai custar muito caro a médio prazo.

Antigamente, na Netshoes, quando um cliente comprava uma bicicleta, o que ele recebia era uma caixa cheia de peças. Literalmente. Ele tinha que ir a uma oficina para juntar as peças e montar a bicicleta. Agora, respondam: quando um cliente compra uma bicicleta, ele quer uma bicicleta ou uma caixa com peças? Parece meio óbvia a resposta. Imagine a frustração de quem comprava. Por que fazíamos assim? Porque sempre foi assim! Em qualquer varejo que você comprar uma bicicleta, será assim. E o pior: os clientes não gostam, mas se acostumam a ser maltratados. E, como pouquíssimos reclamam, vamos simplesmente deixar tudo como está e tomar nossa cervejinha porque, afinal, ninguém é de ferro. Mas, cuidado: você pode ser atropelado pelo concorrente que pensou fora da caixa e roubou seu lugar.

De modo prático, como a Netshoes resolveu a questão das bicicletas? Tornando curta uma história longa, a solução encontrada foi a de enviar bicicletas pré-montadas aos clientes. Isso só foi possível a partir da criação de oficinas de bicicleta dentro dos

Centros de Distribuição. Sim, quando a sugestão foi dada parecia loucura. Sim, deu um trabalho do cão. Sim, com certeza, esse é um dos principais diferenciais competitivos da empresa nessa categoria. Os clientes agora recebem as bicicletas pré-montadas e tudo que têm que fazer é adequar os pedais. Antes de implementar a ideia, a empresa, claro, fez seus cálculos para saber se a conta fechava.

Talvez a grande transformação da empresa tenha sido exatamente essa mudança de entendimento. Em 2000, a Netshoes era um varejista com foco em venda. Em 2007, ela começou a entender que sua vocação era se tornar um *pure play*, uma empresa de serviços 100% on-line e orientada ao cliente.

E aí, está disposto a colocar o cliente no centro de sua estratégia? Vamos pensar juntos como isso pode ser feito.

A primeira coisa é aceitar que o jogo mudou e que devemos ter uma cabeça diferente. O que funcionou até aqui talvez não funcione mais. É preciso colocar o cliente no centro de tudo. O que o cliente quer? Qual problema dele estamos resolvendo? Coloque-se no lugar do seu cliente e tenha uma experiência na sua empresa. Seja um cliente oculto, como as empresas gostam de dizer. Com certeza, você verá oportunidades de melhoria nos seus processos e no seu atendimento. E assim começamos a desfazer esse nó e nos preparamos para o novo.

Para a Netshoes passar a despachar bicicletas montadas a seus clientes, o primeiro passo foi ouvir a opinião de um cliente. Um consumidor disse à empresa que não queria receber uma caixa de peças porque não podia pedalar com aquilo. O segundo passo foi entender que isso era um problema e levantar hipóteses que pudessem solucioná-lo. O terceiro passo foi testar as hipóteses e verificar quais funcionariam. Uma vez encontrada uma hipótese cujo teste foi bem-sucedido e que se mostrou financeiramente viável (despachar bicicletas pré-montadas), o quarto passo foi viabilizar aquele serviço e prepará-lo pouco a pouco para ganhar escala.

Agora, responda: o que realmente fez a diferença em todo esse processo? Ouvir os clientes. Essa é a primeira grande lição aqui.

O que aconteceria se você conversasse com seus clientes antes de lançar um produto ou serviço? Ele seria mais bem desenvolvido? Ele atenderia às necessidades desses clientes? Por consequência, ele teria mais chances de ser bem-sucedido? Se você respondeu SIM a essas três perguntas, estamos no mesmo caminho. Agora, por que a grande maioria das empresas passa anos planejando o lançamento de um produto e, quando tudo está finalmente pronto, decide colocá-lo à venda e rezar para que os clientes gostem? Por que elas gostam desse risco? Meu amigo, minha amiga, confie em nós. **Traga o cliente para o início do processo. Não faça mais nenhum lançamento ou modificação sem envolver o cliente desde o primeiro momento do projeto. Pare de tentar adivinhar o que ele quer.**

Escute o cliente antes. Coloque-o para cocriar, para trabalhar para você. Ele vai ajudar muito, e o melhor, essa consultoria será gratuita! Isso quer dizer que muitas vezes seu produto será alterado após o lançamento. Aliás, isso vai acontecer sempre! Ele vai passar por evoluções e melhorias. Vai ser, como diz o Google, *sempre beta*. Esse é um dos mantras da Nova Economia. Sempre beta. Quer dizer que a evolução nunca para de acontecer. Os produtos vão sendo melhorados permanentemente. E o cliente tem papel fundamental nisso porque é ele quem dá o norte. É ele quem dá o tom.

As empresas da Nova Economia tiraram o "eu acho" da discussão. Porque a maior parte das decisões passou a ser feita em cima de dados. Extração de dados, análise e ação. Não basta coletar os dados. Não basta coletá-los e analisá-los. Tem que coletar, analisar e transformar os dados em um plano de ação! As decisões ficam menos subjetivas. Como era na Velha Economia? Ganhava o debate quem tinha o "eu acho" maior. Quem tinha o maior cargo, quem gritava mais. Com o cliente no comando, o jogo é de entender os sinais que ele passa e alterar sua estratégia para melhor satisfazê-lo.

Essa é a segunda grande lição: **melhoria contínua, cultura de testes com clientes sempre. O tempo todo.**

Existe uma frase do Vale do Silício que afirma que uma ideia bem testada é melhor que uma boa ideia. É isso! Você lançará produtos antes mesmo que eles estejam 100% prontos para serem lançados. Porque o processo vai construir e melhorar esse produto. Ele nunca vai nascer perfeito. Reid Hoffman, CEO do LinkedIn, é radical em relação ao assunto: *"If you are not embarrassed by the first version of your product, you've launched too late"*. Na tradução livre, seria algo como: "Se você não ficou com vergonha da primeira versão do seu produto ao lançá-lo, quer dizer que você demorou demais para fazê-lo".[3] Exagero? Talvez. Mas, no mínimo, provocador.

O jogo é assim agora. Faça o lançamento com seu produto minimamente viável (*Minimum Viable Project*, MVP, falaremos disso mais adiante) e vá ajustando. Em um universo no qual todos copiam a todos o tempo inteiro, a empresa vencedora é a que aprende mais rápido. É a que altera o produto em tempo real e o testa com os clientes. É a que aprende fazendo. Usar uma comunidade de clientes para cocriar é inteligente também por outro aspecto: vários olhos veem mais que um. Certamente, alguns dos clientes que tiveram uma experiência com seu produto enxergarão melhorias que sua equipe não foi capaz de identificar. É probabilidade: quanto mais gente, mais chances de ver pontos de melhoria. Basta colocar o teste em prática e ouvir os comentários dos clientes da maneira certa.

Uma dinâmica similar a essa foi usada no lançamento das marcas próprias da Netshoes. Quando já tínhamos o projeto da GoNew todo estruturado, o lançamento da marca dependia "apenas" da chegada de produtos de fornecedores do exterior. Bicicletas, esteiras, monitores cardíacos chegariam em etapas, semana após semana. O plano era ter a linha completa dentro de casa para então colocar em prática a estratégia de lançamento. Não foi o que aconteceu. A partir do momento em que sete produtos estavam prontos para serem vendidos, iniciamos um pré-lançamento. À medida que outros ficassem prontos, teriam o mesmo destino.

Mas por que furar toda a estratégia de lançamento planejada? Não seria colocar todo o esforço a perder? Clientes que chegassem à nova loja encontrariam uma variedade reduzida de produtos e jamais voltariam! A subida antecipada de produtos permitiu que uma série de ajustes fosse feita antes do lançamento oficial da marca. Descobrimos quais eram os produtos mais visitados, os com melhor taxa de conversão, as páginas mais clicadas. Conhecemos as áreas populares dentro das páginas de produtos. A estratégia de *pricing* foi colocada em teste. Fizemos testes com vídeos e fotos diferenciadas. Aquele plano permitiu que os pedidos aos fornecedores fossem refeitos tanto em quantidade quanto em variedade. *Insights* que levaríamos semanas ou meses para termos sem que nenhuma estratégia de marketing fosse atrapalhada. Um plano vitorioso porque o jogo foi combinado com o cliente desde o início. Porque o *mindset* guiado pelos dados superou o *mindset* do "eu acho".

Como afirma Eric Ries de maneira brilhante em seu livro *A startup enxuta*,[4] as empresas vencedoras da Nova Economia não são as que têm as melhores ideias. São as que aprendem mais rápido. O futuro passa pela criação de um modelo de melhoria permanente com base em seguidos testes e ajustes contínuos a partir de *feedback* dos clientes. Dessa forma, ele estará no centro da sua estratégia. Você encontrará o melhor produto possível mais depressa. E provavelmente os resultados virão na mesma velocidade.

Pausa para uma última reflexão sobre a relação de marcas e clientes na Nova Economia antes de encerrarmos esse princípio. Existe uma corrente de pensadores que não concorda 100% com essa forma de agir e que frequentemente usa Henry Ford, fundador da Ford Motor Company, ou Steve Jobs, cérebro por trás da Apple, para provar seu ponto de vista. "Se eu perguntasse aos meus compradores o que eles queriam, diriam que era um cavalo mais rápido", teria dito Ford ao criar seus primeiros veículos, referência fundamental para toda indústria automobilística mundial há mais de um século. Segundo essa linha de pensamento, se ele tivesse unicamente se limitado a ouvir os clientes, estaríamos usando estribos até hoje. O mesmo vale para Jobs, que supostamente não se importava com o que os clientes pensavam. De fato, transformações produzidas por mentes brilhantes como as de Ford ou Jobs dificilmente são pedidas por clientes *ipsis litteris*. Porque quando questionado, o cliente algumas vezes é incapaz de enxergar além. Mas o princípio é igualmente válido. **Ouvir o** cliente é diferente de fazer exatamente o que ele lhe pede. Ouvir o cliente faz parte do processo de melhoria do seu produto ou serviço. O consumidor lhe dá *insights*, e o que você vai fazer com eles é o desafio. Inovações disruptivas muitas vezes provêm da capacidade de ouvir o que não é dito. Antever problemas desconhecidos. Criar produtos ou serviços que não eram uma necessidade até serem criados. E Jobs só fazia isso porque era mais sensível que qualquer outro às necessidades do cliente.

Por fim, vale lembrar que toda perturbação envolve a ideia de criar demanda, e, nesse sentido, fica a recomendação da leitura de *Criando demandas*, de Adrian J. Slywotzky.[5] Se você se interessa por uma visão bastante atual sobre inovação disruptiva, dê uma olhada no livro do empreendedor e investidor Peter Thiel, *De zero a um: o que aprender sobre empreendedorismo com o Vale do Silício*.[6] São ótimas leituras, recomendamos.

2. Sim, é possível! #Inconformismo

Ben Horowitz, um grande empreendedor e agora investidor de risco do Vale do Silício, apresenta um raciocínio interessante sobre probabilidade e *startups* em seu famoso best-seller *O lado difícil das situações difíceis*.[7] Na parte que nos importa aqui, sua crença é de que, se confiasse em probabilidades, jamais teria aberto sua empresa. Afinal, as chances estavam praticamente 100% contra ele. Estatisticamente falando, não faria sentido abrir uma empresa com um punhado de dólares para concorrer com gigantes de tecnologia que já faturavam bilhões. Mas ele achou que valeria a pena e tentou. Deu certo.

Sonhadores não costumam respeitar as regras de probabilidade. Ou então nem sairiam da cama de manhã. Quando começam, normalmente eles têm um sonho e mais nada. Um ponto comum a todos os vencedores no mundo dos negócios é que eles não costumam ouvir a opinião daqueles que dizem que "não vai dar certo" – porque esta turma está por toda parte.

"Não dá para fazer isso, é impossível!" Anote: essa frase vai fazer parte da sua vida. Muito mais do que você gostaria. Você vai ouvir do seu chefe, dos seus pares, da sua equipe, de pessoas de outros departamentos da sua empresa e, principalmente, dos seus amigos e familiares.

Carlos Wizard, fundador da rede de idiomas que carrega seu sobrenome, escreveu um artigo contando seu maior erro como empreendedor.[8] Consegue imaginar a resposta? Nós contamos: foi pedir a opinião sobre seu novo negócio aos amigos. Ele já era professor de inglês e, diante do aumento da demanda por aulas, pensou em abrir sua própria escola. Os anos eram os duros 1980, de economia com inflação elevada e baixíssima segurança para negócios. Wizard não recebeu nenhum incentivo. Pelo contrário, disseram que ele estava louco, que aquilo não daria certo, que ele iria trocar o certo pelo duvidoso. Felizmente, ele não deu ouvidos a ninguém e se tornou um dos maiores empreendedores do país. Após lançar e vender a rede Wizard por R$ 2 bilhões, hoje Carlos Wizard é sócio da Mundo Verde, das academias do ex-jogador de futebol Ronaldo Fenômeno e das marcas Topper e Rainha.

O que Wizard não conta no artigo é por que amigos e familiares costumam ser os piores conselheiros quando você quer fazer algo diferente. "Não, não vai dar certo, esqueça isso!" costuma ser a resposta padrão. O "não" representa a segurança. O "sim" representa o novo. O novo emprego, o novo negócio, a abordagem nova para algo que é feito do mesmo jeito há muito tempo. O "sim" adiciona o risco de falhar, de se machucar, de errar. E as pessoas que gostam de você não querem que se machuque. Por isso, quando tiver uma boa ideia, nunca busque alguém que goste muito de você, pois ele vai tentar protegê-lo do fracasso, da dor e do risco.

É claro que isso tem um motivo. Muitos falham ao tentar o novo. E muitos mais ainda falharão. Principalmente em um país como o Brasil, onde, de acordo com o Instituto Brasileiro de Geografia e Estatística (IBGE), metade das empresas abertas não chega ao seu terceiro ano de vida.[9]

Existem muito mais empreendedores por necessidade do que por oportunidade. Isso quer dizer que não estamos abrindo um novo negócio porque vemos uma oportunidade incrível, mas sim porque perdemos nosso emprego. As histórias dos que não deram certo não costumam ser contadas em livros ou palestras. Pelo contrário, costumam ser escondidas. A sensação às vezes é de que todo mundo que conhecemos está empreendendo e se dando bem menos nós. Alto lá! A gestão de risco é uma variável importantíssima e deve ser considerada aqui. É preciso ter ciência dos riscos que se corre ao tentar algo novo, mas isso não pode ser um fator paralisante, ou não iremos a lugar algum. Por um lado, empresas que sabem onde podem falhar têm mais chances de serem vencedoras. Por outro, não conhecemos ninguém que fez algo novo com 100% de certeza de que daria certo. Isso não existe. Podemos, sim, trabalhar para minimizar esse risco.

Como vimos, a vida na Nova Economia é inerente ao risco, inerente ao novo. Sempre vamos escutar que algo não é possível. E sempre tentaremos mais do que qualquer outro profissional, porque muitas vezes não fazer algo representa a morte de seu negócio. Não vender 100 bolas de sorvete em um determinado mês representa o fechamento da sorveteria. Você VAI vender 100 bolas de sorvete! Se um fornecedor não entregou algo essencial para que você entregue um serviço que já lhe foi pago, você VAI arrumar outro fornecedor em tempo hábil e entregar o serviço que foi demandado. O empreendedor não tem saída. A regra de ouro é: não importa como, tem que fazer acontecer! (Claro que não vale tudo neste jogo. Tem que fazer acontecer com ética e respeito à legislação.) **O líder precisa ser um vendedor de sonhos. Se você não acreditar que é possível, ninguém mais vai.**

Empreendedores são capazes de fazer loucuras por suas empresas, e esse é o espírito da Nova Economia. Executivos deveriam se inspirar nesse *mindset* simplesmente porque isso possibilita que eles – e as pessoas que lideram – consigam ir além. Muitas empresas da Nova Economia valorizam esse comportamento porque têm esse modelo mental mais otimista, baseado na existência de um inconsciente coletivo de que eles podem fazer qualquer coisa. Não por acaso todas as *startups* vencedoras, de Google a Facebook, passando por Uber, Netshoes e Airbnb, buscam executivos com esse espírito. O trabalho na Nova Economia está cada vez mais ligado a um *mindset* empreendedor, tenha você seu próprio negócio ou não. O conceito do intraempreendedor, aquele que empreende dentro de uma empresa de que não é proprietário, nunca esteve tão em voga.

O espírito do "Sim, é possível" não pode, no entanto, se restringir ao empreendedor ou ao CEO de uma empresa. Deve permear todos os membros de sua equipe. Temos um cliente na Organica que pediu para sua agência de publicidade criar uma *landing page* (site que será usado para uma determinada campanha) e ouviu dela que levaria três dias para ficar pronta.

Era muito tempo. Eles tinham que alavancar as vendas de determinado produto e não tinham tempo a perder. O responsável pelo marketing não teve dúvidas. Jogou no Google: "Como criar uma *landing page* grátis". Em menos de três horas, a página estava pronta. O Google não permite reféns da ignorância. Não podemos ser reféns de nada nem de ninguém. Não existe mais o "não sei". Por trás disso, deve haver uma cultura de que nada nos para, de "sim, é possível". Senão as coisas não acontecem. Voltando ao cliente, ele tinha a melhor e mais bonita *landing page* que o mercado podia oferecer? Com certeza, não. Mas, como gostamos de dizer, o feito foi melhor que o perfeito. E normalmente é. A campanha rodou e as vendas aconteceram. O digital empodera a todos.

"Sim, é possível", vamos encontrar um caminho diferente. "Sim, é possível", vamos convencer aquele fornecedor. "Sim, é possível", vamos aumentar as vendas. Se você não acreditar, ninguém vai. E, de novo, acredite para poder fazer as pessoas ao seu redor acreditarem também. Crie um ciclo virtuoso com base na crença de que é possível transpor as barreiras, basta entender as implicações de não conseguir (não deixe sua exposição ser maior do que você pode dar conta) e correr atrás: faça acontecer.

Quando, aos vinte e poucos anos, os fundadores da Netshoes contaram aos amigos que abririam uma loja de sapatos, foram ironizados. Quando a Netshoes começou a vender calçados pela internet, ouviram que seria impossível. Quando a empresa decidiu apostar no mercado argentino, disseram que jamais daria certo uma empresa brasileira ali. Hoje a Netshoes é o maior e-commerce esportivo *pure play* do mundo. Ou a turma acredita no que faz e segue em frente, ou tem problemas sérios de audição porque eles simplesmente têm ignorado os que dizem "não" ao longo dos anos – para entrar para a história. De novo, para muitas empresas abertas, o "sim, é possível" não é questão de crença, mas de sobrevivência.

Além do aspecto mental que tratamos aqui, o "sim, é possível" tem também um aspecto prático. Um fato: com a chegada do digital, nunca foi tão fácil e barato começar um novo negócio. Se algum tempo atrás iniciar algo novo envolvia uma necessidade enorme de investimento, hoje o jogo mudou radicalmente. Por trás dessa transformação radical está o baixo custo de acesso a tecnologia e ferramentas digitais.

Na prática, qualquer um pode fazer sozinho um site para sua empresa em questão de horas. E, melhor ainda, gratuitamente! Um adolescente não precisa de conhecimentos de filmagem e edição, ou de uma câmera de milhares de dólares, para fazer seus filmes e publicá-los no YouTube. Precisa somente de um celular, uma dose de criatividade e vontade de tentar. Um dono de loja física cria um e-commerce em uma tarde com ferramentas 100% gratuitas e pode começar a vender e distribuir seus produtos em questão de dias. Todos eles podem usar seus Facebooks, Instagrams e WhatsApps para fazer o marketing on-line desses negócios a custo zero.

Está entendendo que o jogo mudou radicalmente? Ser pequeno pode representar ser mais rápido, mais barato e mais inovador. As barreiras de entrada de um negócio digital vieram a baixo nos últimos anos. Por isso nunca foi tão possível que pessoas comuns fizessem coisas extraordinárias.

Os desafios costumam estar associados ao ganho de escala. É muito fácil abrir um e-commerce e começar a vender on-line. É muito difícil ganhar escala e tornar esse negócio lucrativo. O percentual de negócios on-line que se tornarão empresas milionárias é bem reduzido. Se nem você acreditar que é possível, esse número instantaneamente cai para zero. Você deve ser o primeiro a acreditar no projeto. O "sim, é possível" começa com você.

3. O novo sempre vem #Velocidade

Não dá para frear o tempo. Depois do jornal impresso, veio o rádio. Depois do rádio, veio a TV. Depois dela, a internet. E não parou por aí. Vieram as redes sociais, o Orkut. Depois do Orkut, veio o Facebook. Depois do Facebook, veio o Instagram. Depois do Instagram, veio o Snapchat. E a nova plataforma que vai fazer sucesso amanhã já deve estar em teste em algum canto do mundo, e em breve saberemos qual será. Pode levar anos, meses ou dias para surgir. Não dá para saber. O que se sabe é que é impossível frearmos o tempo e as mudanças. Como já mencionamos, hoje quem está no topo amanhã pode estar na lona. Pergunte à Blockbuster, à Kodak, à gravadora EMI ou a uma cooperativa de táxi.

Resumindo, estar com o jogo ganho agora não significa se dar bem na próxima onda. Pelo contrário, a história sugere que todo ciclo tem começo, meio e fim. Acredite, o novo sempre vem. É inevitável. Vai acontecer com você. Sua escolha é ser ativo ou passivo em relação a isso. Acredite em nós, você não quer ser pego de calças curtas. Portanto, trabalhe para antever, para poder se preparar tanto no dia a dia de sua carreira como na gestão da sua empresa. A verdade é que você nunca foi tão obrigado a ficar atento ao que está acontecendo no seu mercado, no Brasil e no mundo. Isso precisa ser uma obsessão. Você não pode ser o/a marido/mulher traído/a. Tem que se antecipar.

Para isso não existe faculdade. Não se aprende em sala de aula. Precisa praticar na vida real, no dia a dia. Faça, use, aprenda. Crie o novo antes que ele chegue. Adapte-se ao novo o mais rápido possível para seguir liderando. Seja o primeiro a testar e a descobrir. Assim, quando seu concorrente for testar algo, você já estará trabalhando para dar certo, fazendo acontecer, dominando o território, dificultando em muitos casos a entrada dos demais *players*. Se você esperar as regras mudarem para se adaptar ao jogo, correrá sério risco de estar fora dele. E aí é GAME OVER para você.

Como mencionamos anteriormente, novidades sempre se sobrepuseram às coisas antigas. A diferença agora é a velocidade. Esta é uma palavra-chave nesse contexto. A duração dos ciclos de inovação nunca foi tão curta. A vantagem de criar algo novo nunca durou tão pouco tempo. Porque logo é copiado, logo é melhorado. Por isso, o nome do jogo aqui é velocidade. Velocidade de criação, de lançamento, de aprendizado, de melhoria. Lembre-se de que a empresa vencedora é a que aprende mais rápido. Ser sempre o mais rápido fará com que você incorra em erros. Não se importe, eles fazem parte do processo (falaremos disso detalhadamente mais adiante).

Quem não está habituado com o dia a dia de uma *startup* costuma ficar enlouquecido quando conhece uma. Projetos prioritários desaparecem e surgem em semanas, lideranças são realocadas de departamentos todos os meses, *budgets* já aprovados são questionados durante sua execução e planos de negócios são revisitados com uma frequência perturbadora. A volatilidade predomina. A velocidade com que as coisas mudam chama muito a atenção. Tudo anda muito rápido por um único motivo: nunca podemos estar defasados. Jamais podemos deixar que o novo nos surpreenda. Mas não sabemos de onde o novo virá. Não sabemos o caminho. Por isso, testamos e vemos o que acontece. Vamos aprendendo permanentemente. Empresas da Nova Economia precisam mudar o rumo dos negócios sempre que houver uma mudança de cenário. E devem fazer isso rapidamente. São como lanchas pequenas e rápidas, cortando as ondas e tentando ganhar uma vantagem competitiva contra transatlânticos robustos mas lentos.

É por isso que projetos que levariam anos para serem implantados em uma empresa comum são colocados de pé em questão de meses em uma empresa como a Netshoes. E isso não acontecia de vez em quando: todo ano era assim. Em 2014, após alguns estudos de mercado, a Netshoes decidiu se lançar no mercado da moda – com a Zattini. Era algo totalmente novo para uma empresa que esteve focada em artigos esportivos durante mais de dez anos. Por trás daquela decisão estava um projeto ambicioso de expansão da Netshoes para novas categorias. Departamentos de apoio como Logística, Central, Produção, entre outros, passariam a ser áreas comuns das duas lojas, diluindo seu custo fixo diante do aumento de volume. O *core business* da nova operação, com destaque para a equipe comercial, seria todo contratado e formado por executivos de mercado. Afinal, qual é a diferença entre entregar um tênis e um sapato de salto alto? Não podia dar errado! A animação da equipe durou poucos minutos, mais precisamente até o momento em que foi informado que a nova loja deveria estar no ar em três meses para não perder as vendas do fim de ano. Parecia brincadeira de mau gosto colocar um projeto com aquela complexidade de pé em tão pouco tempo e encarar uma Black Friday pela frente. Não podia dar certo...

Nem precisamos dizer que a Zattini ficou pronta a tempo e teve boas vendas em seu primeiro Black Friday + Natal. De novo, era a loja ideal? Não! Mas precisava ser rápido. Diversos outros *players* já estavam de olho nesse nicho de mercado e sair na frente representava um grande diferencial competitivo. Imagine se a empresa tivesse um plano de subir essa nova loja em doze meses (como seria razoável supor) e outro competidor fizesse esse movimento antes? O novo se sobreporia.

Antecipar-se a esse tipo de movimento é uma forma de se defender das novidades. Também conhecida como a forma mais difícil de fazer isso. A mais "fácil" é comprar o novo. Comprar mesmo, estamos falando de *money*. É cada vez maior o número de grandes empresas que compram *startups* com um duplo objetivo: bloquear o crescimento dos pequenos desafiantes e tentar, de alguma forma, absorver um pouco desse *modus operandi*. O "fácil" veio entre aspas porque são inúmeros os desafios dessa tática. Fazer com que essas duas culturas coexistam de maneira saudável é apenas um deles. Pior: como impedir que a "maneira antiga" de fazer as coisas prevaleça? Agir assim seria o mesmo que castrar o novo e impedir que ele faça exatamente o que foi pago para fazer, transformar empresas de dentro para fora. E é o que normalmente acontece. Os anticorpos da empresa antiga logo derrotam os vírus da inovação.[10]

Por isso, uma terceira via usada por empresas tem sido criar estruturas totalmente apartadas da empresa original com o objetivo de promover um ambiente isolado de incentivo à produção do novo. A solução pode variar de acordo com o contexto de cada ambiente. Já adiantamos: é um modelo de alto risco e dificílima execução.

Na Nova Economia, é mais arriscado ficar na defensiva do que se manter no ataque. Essa é a regra subversiva do período em que vivemos. No momento em que você se acomodar, você vai acabar com seu futuro. *Safe is risky!* Nunca foi tão perigoso estar seguro. **Atitudes conservadoras colocarão tudo a perder.** Aquela história de que em time que está ganhando não se mexe já não vale mais.

4. Vamos errar #ErreRápido

Qual é a primeira coisa que você sente quando escuta a palavra ERRO? Muito provavelmente não é algo positivo. Arriscaríamos dizer dor, medo, desapontamento. Nós fazemos parte de uma geração que foi programada para não errar. Nunca. Fomos educados para evitar os erros a todo custo. Por quê? Porque erro é sinônimo de fracasso. E não queremos fracassar. Quando erramos, nossa tendência é de tentar esconder o erro.

Um erro em casa muitas vezes era motivo de punição, de castigo. Na escola, idem, quem erra é punido pelos professores, pela diretoria. Quando ficamos adultos, isso só piora. O que representa um erro no trabalho? Pode custar seu emprego. Durante toda nossa vida, é assim. O erro é associado a algo negativo. Enquanto associarmos o erro a uma punição, ele será sinônimo de dor e, consequentemente, algo a ser evitado a qualquer custo. Dá medo. Mas é assim que a vida funciona, não é mesmo? Talvez não.

Deixe-nos apresentar uma perspectiva diferente desse tema. Como você acha que os investidores dos Estados Unidos enxergam empreendedores que abriram negócios que não deram certo?

Fracassados? Nem sempre. Claro que todos os investidores querem os empreendedores que deram certo, que construíram um negócio milionário ou bilionário. Mas é importante salientar que aqueles que não vingaram muitas vezes são vistos como empreendedores experientes. Imagine a quantidade de aprendizados que eles tiveram nessa primeira "quebra"? Eles provavelmente não repetirão muitos dos erros que já cometeram, o que os torna, na verdade, empreendedores mais preparados do que alguém que nunca tentou nada antes. Faz sentido? **O ponto aqui é que não existe aprendizado sem experiência. E não existe experiência sem erro. Ou seja, para crescer, vamos errar.**

Imagine uma criança em seus primeiros anos de vida. Ela está deixando de engatinhar e aprendendo a andar e, ao tentar um primeiro passo, cai. Ela chora. O pai dessa criança se aproxima dela e lhe diz:

— Filho(a), pelo visto, esse negócio de andar não é para você, acho melhor ficar engatinhando a vida toda. Afinal, você tentou UMA VEZ e não foi bem-sucedido. Desculpe.

É claro que essa cena não faz sentido. Porque a criança vai tentar andar outras vezes e vai errar diversas vezes até aprender a andar. A cada erro, ela melhora sua técnica, acerta o equilíbrio, põe mais força nas pernas, ajusta o quadril. É um aprimoramento constante que acompanha cada queda. A cada erro, ela está mais preparada para andar do que estava antes.

Por que não conseguimos aplicar esse conceito em nossa vida profissional? Pois deveríamos. Os erros nada mais são do que degraus necessários na escada da construção do novo, na trilha da inovação. Porque a cada erro, não voltamos à estaca zero. A cada erro, estamos mais próximos do novo.

Nenhuma grande inovação foi feita de uma vez só. Ela é fruto de diversos erros e pequenas melhorias que resultam, após algum tempo, em uma grande mudança. Vamos errar muitas vezes. **O erro é parte do processo de aprendizado. Cada erro leva a uma melhoria nesse processo.** O que precisamos é aprender com esses erros, entendendo o que pode ser melhorado como quando falamos da cultura de testes.[11]

O erro faz parte do processo de aprendizado, mas isso deve acontecer o mais rápido possível. É o famoso erre rápido – e, de preferência, barato. Um erro assim poupa tempo e dinheiro. E ainda traz uma lição. Quem está buscando sempre se antecipar ao novo é obrigado a arriscar. E quanto maior o risco, maior é a chance de erro. O foco aqui está em ter controle em relação ao tamanho do estrago que um erro pode causar. Passa pela gestão de risco. Passa por combinar o jogo com seus chefes. Não podemos rodar campanhas de marketing digital sem ter controle e descobrir mais tarde que o custo de aquisição de um cliente é superior ao gasto que ele fará em minha loja. É preciso ter um *stop loss* nessa história (conhecer seu limite à perda e ter alguém para alertá-lo e zelá-lo nessa decisão).

Algumas empresas já dividem o orçamento do marketing, destinando entre 10% e 20% às inovações, à busca pelo novo sem medo. Fazer o novo sem medo de errar. Muitas vezes não são cobrados resultados, porque o objetivo é experimentar coisas novas e aprender com elas.

O desafio dessa lição é encontrar um equilíbrio entre um ambiente de tolerância ao erro e a negligência. Imagine a seguinte situação: sua empresa incentiva as pessoas a tentarem novas formas de vender porque precisam atingir a meta do mês. Um funcionário apresenta uma ideia totalmente nova, que parece incrível e faz sentido. Ao implementá-la, ela falha miseravelmente.

O que você espera que vá acontecer?

a) O funcionário será mandado embora.
b) O funcionário será incentivado a seguir tentando coisas novas.
c) Nada, ninguém mede resultados na minha empresa.

Se você respondeu C, troque de emprego agora. O que não é medido não é melhorado. Sem mensuração não há aprendizado. E quem não aprende está morto.

Se você respondeu A, saiba que ninguém jamais tentará algo diferente de novo. E como já foi dito anteriormente, a dinâmica da incerteza é nosso pano de fundo, e se não estivermos atentos e dispostos a mudar, o risco de perder espaço (ou sumir) é gigante.

Se você gostaria que a resposta fosse B, você entendeu do que estamos falando. Será que sua empresa trabalha para criar esse tipo de ambiente? Sua equipe tem carta branca para errar enquanto testa uma novidade, enquanto ousa, quando busca o melhor produto ou serviço? Mais para a frente abordaremos a metodologia *Champion* x *Challenger* que trata exatamente disso.

O segredo para encontrar um equilíbrio saudável é combinar o jogo. Combine o nível de risco com sua equipe/líder, saiba quando parar, aprenda com o que não deu certo e ajuste a rota rapidamente. O erro ensina para que você acerte seu próximo passo.

Por fim, **não existe inovação sem erro. O erro de hoje pode ser seu diferencial competitivo de amanhã.** É assim que funciona a Nova Economia.

Uma vez que as pessoas tiverem licença para errar, que elas estiverem empoderadas com a possibilidade de falhar e tiverem espaço para corrigir, você dará autonomia a elas, elas passarão a se sentir donas do negócio junto com você. E é isso que se deve buscar em uma equipe: gente com postura de dono. Quanto mais poder você dá às pessoas, mais responsabilidade elas terão sobre os resultados do negócio, mais emoção e dedicação colocarão na ideia, mais envolvimento terão com o sucesso. Permita o erro e crie uma cultura de zelo aos recursos da empresa. Com todos se sentindo responsáveis pelo projeto, a dedicação aumenta e o resultado vem. Esse, aliás, é o próximo princípio a ser tratado.

5. Postura de dono #VáAlém

Imagine a seguinte situação: você trabalha na central de atendimento de uma empresa de grande varejo. Seu telefone toca. Um cliente comenta que comprou uma bicicleta para o filho e recebeu o produto na cor errada. Ele quer trocar. Até aí, tudo bem, erros acontecem e ele tem razão. Agora, hoje é dia 11 de outubro. É um presente de Dia das Crianças. Uma troca de produto levará no mínimo três dias.

— Eu comprei um presente de Dia das Crianças para o meu filho! Dia das Crianças é dia 12, não me interessa receber no dia 14. Ainda mais por um erro de vocês!

Esse é um cliente furioso, mas educado. Não é o mais comum, acredite, e esteja preparado para lidar com isso.

Você, então, verifica o endereço do cliente e percebe que ele mora no seu bairro. O processo desenhado pela empresa, aquele para o qual você foi treinado, sugere que você peça desculpas ao cliente, informe a nova data de envio e, no máximo, dê a ele um *voucher* de desconto na próxima compra.

O que acontece se você seguir o protocolo? Com o funcionário, nada. Nada mesmo. Você não será nem advertido. Com o cliente? Fica sem o presente do filho na data desejada.

E se esse funcionário decidir fazer justiça com as próprias mãos? A vontade muitas vezes é de pegar a bicicleta, colocar no porta-malas do carro e levar pessoalmente para o cliente no mesmo dia! Um funcionário da Netshoes fez exatamente isso. Decidiu "burlar" as regras e entregar ele mesmo o pedido. Imaginem a reação do cliente, já desacreditado com a empresa, frustrado com a situação com que teria de lidar? Quando recebeu a bicicleta, ele simplesmente ficou encantado!

O funcionário alinhou o procedimento com o chefe e a história teve um final feliz. Mas poderia ter sido diferente. O chefe poderia ter reagido assim:

— Mas você quebrou as regras!
— Mas você não poderia fazer isso!
— Mas se todos resolverem descumprir o protocolo, isso vira uma zona!

Gostamos dessa história porque ela parece materializar bem o que entendemos ser o tal "espírito de dono". Ter esse espírito não significa chegar na hora, trabalhar duro, entregar tudo que pediram, como alguns imaginam. Meu amigo leitor, minha amiga leitora, você é pago(a) para isso! Você faz tudo aquilo que combinou quando foi contratado e a empresa lhe paga o valor combinado, na data acertada. Isso é um contrato de trabalho.

Espírito de dono é diferente. Significa ir além do que se espera de você, além do que se espera daquela função.

Até porque o que se espera de você normalmente é muito pouco. Conhecemos muitas pessoas que poderiam fazer muito mais em seu trabalho, mas simplesmente não conseguem. Querem entregar mais, querem realizar mais. Mas não o fazem. Porque a "buRRocracia" não deixa, porque o jogo político atrapalha, porque o chefe simplesmente não quer. Funcionários comprometidos tendem a se arriscar mais. Eles desafiam o sistema. Querem *hackear* a empresa por dentro.

Mas existe também um outro grupo. O de pessoas que não querem ir além, que querem fazer somente o que foi acordado. A esse segundo grupo, temos uma mensagem: mude de emprego. Vá buscar onde você possa ser feliz. Ou você renderá cada vez menos, crescerá menos, se conhecerá cada vez menos, alcançará menos do que poderia. E isso é muito frustrante.

Sim, sabemos que não é fácil sair de um emprego. Escrever um livro é mais fácil do que mudar de trabalho. Mas garantimos que ficar num lugar que faz você infeliz é tarefa muito mais complicada – e terá implicações tenebrosas para sua vida e de sua família a médio prazo.

Vivemos novos tempos. Jovens nascidos na Nova Economia não conseguem entender como pessoas que hoje tem seus quase 40 anos – como nós – eram capazes de arrumar um emprego para a vida toda e serem infelizes para sempre. Lendo essa frase, refletimos: por quê? Por que mesmo fazemos isso? Porque temos contas para pagar! Essa desculpa sempre funciona. Mas é apenas uma garantia de curto prazo. Temos muito o que aprender com os jovens da Nova Economia.

Esses jovens não querem mais uma estação de trabalho para ficarem sentados das 8h às 17h, fazendo coisas das quais não se orgulham para um chefe mal-educado. Eles não buscam mais emprego. Eles buscam trabalho. Entenda trabalho aqui como sinônimo de realização.

Um amigo nosso, executivo importante de um grande banco de investimento norte-americano nos procurou para pedir uma ajuda. No meio do papo, abriu o coração e contou sobre seu problema de atração de talentos:

— Estou com uma dificuldade enorme em recrutar jovens talentos! Antigamente, o banco escolhia os jovens mais brilhantes das faculdades de ponta. Eles faziam fila para trabalhar para nós. Hoje, os jovens mais inteligentes não querem trabalhar no banco. Temos que buscar a molecada de faculdades B. Garotos sem o potencial que víamos antigamente. Pagamos um salário inicial, para um recém-formado, de mais de R$ 4 mil por mês. O que estamos fazendo de errado?

Difícil. Mas a verdade é que eles não estão fazendo nada de errado. Pelo contrário. Pagam salários acima da média, têm uma proposta de valor clara, dão perspectivas boas em relação à carreira. A questão aqui é que muitos jovens da Nova Economia não querem mais trabalhar para bancos de investimentos. Porque lhes falta uma causa, um motivo para aquilo tudo, o tal do propósito. Mas e os rios de dinheiro que esse jovem pode ganhar ao longo da carreira? Acredite, pesam cada vez menos em uma tomada de decisão como essa.

As corporações tradicionais terão um custo de aquisição de talentos cada vez mais alto. Seu desafio é ter um propósito que toque o coração de seus novos funcionários. Que atraia esses jovens de forma arrebatadora! Voltando ao nosso conceito anterior, espírito de dono só existe com alinhamento de propósito entre funcionários e empresa. Porque você não entrega mais do que lhe é pedido se não acreditar que o que faz é relevante para o mundo e para você. Você não trabalha doze horas em um dia se não acreditar que está impactando positivamente a vida de outra pessoa. Você não abre mão de tempo com seus familiares e amigos se não entende que faz parte de algo maior que você.

Os jovens buscam um propósito. Eles querem fazer parte de algo maior e sentir orgulho disso. Eles querem um motivo maior que "pagar as contas" para levantar da cama todos os dias de manhã.

Acredite, se você é empreendedor ou vai empreender e não é capaz de oferecer isso com clareza, você está em apuros.

Se você como funcionário não encontra prazer no trabalho, está na hora de repensar sua carreira; o local onde você passa mais de um terço do seu dia, muito provavelmente mais da metade da sua vida nos últimos anos.

Traduzindo, nenhum funcionário vai agir como dono a não ser que acredite e seja motivado pelo propósito de uma empresa. Só mesmo se aquilo for mais que um simples trabalho para ele. E isso não se finge, não se mente.

Infelizmente, nem todos encontrarão esse local de realização profissional e pessoal. A solução para essas pessoas é seguir adiante. Do ponto de vista do empregador, deixe-o buscar a felicidade em outro lugar. Pode ser difícil no início, mas a longo prazo tudo fará mais sentido. Para o funcionário, busque sua felicidade em outro lugar. Vá atrás de seu propósito. Não espere que ninguém faça isso por você.

Cabe entender que para o gestor, o universo da *startup* parece um sonho: você não tem que cobrar por dedicação. Você pode ter um bar ou uma mesa de sinuca no meio do escritório e mesmo assim as pessoas trabalham e fazem hora extra (alguns de pijama). Entenda e crie sua cultura para que não precise empurrar, mas apenas guiar a energia e a motivação dos funcionários. "Sim, é possível", basta achar a postura de dono!

Empresas de ponta do Vale do Silício estão dando cada vez mais valor e importância a isso porque sabem da relevância dessa discussão na construção de equipes vencedoras. Vamos falar sobre isso em detalhes mais adiante, quando tratarmos da importância da cultura corporativa.

Uma vez que você entendeu a importância do alinhamento entre empresa e seus funcionários quando o assunto é propósito, vamos em frente e tornar essa reflexão um pouco mais complexa. Esse alinhamento de que falamos é condição mínima para que o espírito de dono possa florescer, mas ele não é garantia de que isso acontecerá. O terreno está pronto, mas muitas vezes as plantinhas simplesmente não brotam.

Difícil, né?

É bem verdade que conseguir o alinhamento de propósito é a parte mais difícil da história. Entretanto é preciso um pouco mais. O espírito de dono só é construído quando é praticado pelo dono ou líder. O espírito de dono nada mais é do que funcionários copiando ações da liderança da empresa. É um jogo de siga o mestre. Isso quer dizer que ele se constrói com atitudes e não com blá-blá-blá. Os funcionários que se identificam com a empresa e com os líderes copiarão seus comportamentos. É por isso que eles precisam ter atitudes positivas!

Como criar esse espírito de dono na minha empresa? Vamos revelar um segredo que talvez doa um pouco e seja duro de ouvir. Preste atenção: você não vai conseguir fazer isso. Aliás, ninguém cria valores e os transmite para seus funcionários. Os valores de uma pessoa não mudam ao longo da vida. Ou elas têm aquilo dentro delas ou não têm. **Logo, seu trabalho é o de identificar pessoas que tenham esse espírito e atraí-las para seu negócio.** A pessoa já tem o espírito de dono e uma série de valores *antes* de ir trabalhar com você. Você identifica isso no recrutamento e trabalha para atraí-las. O termo "atração de talentos" nunca fez tanto sentido, não é? Nesse contexto, os iguais sempre se atraem. Mostre a elas que, na sua equipe, poderão viver esse propósito. Isso irá motivá-las a se juntar a você.

Empresas sem propósito terão dificuldade em atrair talentos. Profissionais sem alinhamento com valores da empresa em que trabalham terão dificuldade de desempenhar e entregar mais.

Empresas vencedoras são movidas por propósitos compartilhados por funcionários que, por se sentirem felizes e saberem que estão construindo algo maior que eles, trabalham mais, se entregam mais e fazem essas empresas serem vencedoras. É um lindo ciclo virtuoso.

Bons funcionários querem sonhar o sonho da empresa. Querem fazer parte de algo maior que eles. Querem ter autonomia para contribuir com esse sonho. Querem ter orgulho de fazer parte dele. Querem ser cobrados por resultados.

Como diria Ben, o tio do Homem-Aranha: "Com grandes poderes vêm grandes responsabilidades". Isso é o tal do espírito de dono para nós. Sem isso, nada faz sentido na lógica da Nova Economia.

6. Viva bem no desconforto #VaiDoer

Vamos direto ao ponto: **não existe evolução sem dor**. Não vamos mais dourar a pílula. Não conhecemos ninguém que cresceu de maneira acelerada sem sofrer. Quando o assunto é a sua evolução, fazer, o que você já sabe, do jeitinho que está acostumado a fazer não vai levá-lo a lugar algum. A evolução só acontece fora da sua zona de conforto. Ou seja, para crescer você vai ter que se expor. Vai ter desconforto. Vai doer.

O problema é que somos programados para evitar a dor. E aí fica aquela briga interna entre não sofrer e evoluir. O que prefere? Você naturalmente evita ao máximo o sofrimento. Mas quando passa por uma situação difícil e a supera, você reconhece o quanto ela foi importante para seu desenvolvimento. A Nova Economia facilita nossa vida porque não nos deixa escolha. O desconforto é sua nova rotina. O tempo todo você é forçado a sair de sua zona de conforto para crescer. Não há outra alternativa.

Os desafios virão das mais variadas formas, mas sempre serão intensos. A cultura de melhoria contínua faz você questionar o tempo todo se aquela é a melhor forma de fazer algo, já que um concorrente pode estar um passo à frente. Você é forçado a sempre experimentar coisas novas, porque as metas são agressivas e é preciso haver evolução. A meritocracia faz com que a disputa entre pessoas da mesma empresa aumente na busca por resultados. Você simplesmente não pode aceitar que algo não deu certo e desistir na primeira tentativa malsucedida.

Daí a famosa imagem de um homem caminhando em uma esteira rolante que anda para trás. Andar devagar é ficar parado. Ficar parado é retroceder. Traduzindo: **a Nova Economia não vai**

dar trégua aos acomodados. É por isso que o termo "resiliência" ganhou tanta importância nos últimos anos. Resiliência, na nossa visão, é a capacidade que uma pessoa tem de aguentar o tranco. Se um corredor é capaz de completar 100 metros em 10 segundos, ele deve almejar completar o trajeto em 9,9 segundos. Se você permitir que ele o faça em 12 segundos, ele não evolui. Pior: ele pode se tornar um atleta preguiçoso e entediado, que nunca atingirá 100% de sua capacidade. Uma pressão na medida certa pode ajudá-lo a melhorar esse tempo.

A grande questão é que, em muitos casos, a coisa passa do ponto. E em vez de termos profissionais superestimulados e em desenvolvimento, temos pessoas ansiosas e sofredoras. É essencial encontrar um ponto de equilíbrio para estimular as pessoas, fazer com que ultrapassem os limites aos quais estão acostumadas, mas também afrouxar um pouco a corda na hora certa para que elas tomem fôlego e possam seguir adiante. Se os desafios forem muito pequenos, as pessoas paralisam por conta do tédio. Se os desafios forem grandes demais, além do limite, elas se paralisam por medo. Então, descubra qual é o ponto certo para estimular ou para dar um descanso às pessoas que trabalham com você e que lhe ajudarão nessa jornada.

Quando você é levado ao seu limite, esse é o momento em que mais se conhece. Descubra suas fraquezas. Suas e de sua equipe. Seja honesto consigo e com os outros nesse diagnóstico. Corrija rápido o que tiver que ser corrigido. E volte à pressão anterior. Você vai se surpreender porque a capacidade do grupo de lidar com a dor (e a pressão) vai aumentar.

Viver a Nova Economia é uma verdadeira montanha-russa emocional. Altos, baixos, altos, baixos. Isso quando não pinta um *looping*. É normal você ter uma reunião vitoriosa de manhã e almoçar se sentindo o Super-Homem. Depois, acontecer algo durante a sua tarde que o faça ir para casa se sentindo o pior dos homens. Isso acontece muito. Calma, você não é o Super--Homem, mas também não é o pior dos homens. Por mais que essa seja a sensação em muitos dos dias, a oscilação não é tão ampla assim. Diminua essa amplitude. Minimize na vitória, minimize na derrota. O jogo tem muito a ver com resiliência e resistência. Inteligência emocional é uma parte-chave do sucesso na Nova Economia. Você será posto à prova e, para vencer, não bastarão habilidades e conhecimento. Muitas vezes o jogo é ganho por quem tem mais inteligência emocional.

Praticamente todo mundo que você conhece está neste exato momento buscando o equilíbrio. Pergunte a seus colegas de trabalho e amigos e veja se não temos razão. Nosso dia a dia parece permanentemente desequilibrado. E aí talvez a troca de uma palavra possa fazer toda a diferença. Balanço. Troque equilíbrio por balanço. Ter uma vida equilibrada é muito difícil, para não dizer impossível. Ter uma vida balanceada é algo mais factível e pode ajudá-lo aqui.

É importante salientar ainda que o descanso faz parte da estratégia de atletas de alta performance. Atletas que competem sempre no limite sabem que tão importante quanto treinar é descansar. Quem descansa, rende mais. Sempre. Agora, troque o termo "atleta" por "executivo" ou "empreendedor". Tudo que acabou de reler continua sendo verdade. A mesma disciplina que você tem para as entregas do trabalho, você deveria ter em relação ao seu descanso físico e mental.

A busca por uma vida equilibrada é, muitas vezes, sinônimo de frustração. Frustrar nesse caso pode ser dimensionar mal suas expectativas. **A busca por uma vida balanceada pode**

ser uma alternativa interessante para se sentir feliz na Nova Economia. Assuma que haverá mudança, que haverá desconforto, que haverá dor e também haverá evolução. A vida na Nova Economia será assim.

A geração dos nossos pais aprendeu a fazer planejamento de carreira de forma linear. O jogo era mais simples (entenda que estamos falando em mais simples como sinônimo de um ambiente com menos variáveis, menos complexidade nas escolhas. Não podemos dizer que era mais fácil!). Faça um bom colégio, entre em uma faculdade de primeira linha, arrume um emprego bacana e se aposente após 35 anos de muito esforço. E foram felizes para sempre. Isso acabou. No dia em que parar de aprender, você estará começando a morrer. **Abrace a felicidade de entender que ter escolhas é assumir as rédeas da sua vida, e isso é mais complexo e desconfortável, porém pode ser mais inspirador e motivador.**

É por isso que pessoas corajosas e que vivem bem no desconforto são valorizadas na Nova Economia. São essas que têm prazer em evoluir na velocidade do mercado. Aplique isso em seu comportamento e no de sua equipe. Conheça cada pessoa profundamente e saiba como tirar o máximo de cada uma. Dê *feedbacks* a cada movimento para poder exigir mais no momento seguinte. E assim você vai acabar vendo gente mais feliz, pronta para viver esse desconforto junto com você.

7. Foco e obsessão #Disciplina

Todos os dias, milhões de pessoas têm ótimas ideias debaixo do chuveiro. Se elas terão sucesso, depende do que farão quando terminarem o banho. Não basta ter uma boa ideia, um bom caminho, um excelente projeto. Tem que ter foco e determinação para colocá-lo em prática. Lembre-se: **o verdadeiro valor está na capacidade de executar as ideias, ou seja, nas pessoas.**

O jogo é você consigo mesmo, dia após dia. Todos os dias. Milhares de distrações surgem no caminho de quem busca algo grande. O desafio é separar o joio do trigo. Saber dizer não ao joio. Saber dizer sim ao trigo. Saber ter foco.

A vida das pessoas inquietas costuma ser pautada por uma equação: as ideias sobram, os recursos faltam. Então ter foco é fundamental para conseguir chegar lá.

Todo empreendedor que conhecemos tem acesso a diversas oportunidades de negócios. Normalmente, elas surgem na mente a partir da observação do dia a dia ou são levadas por amigos e familiares que também as enxergam. O problema é que sempre achamos que vamos conseguir colocar todas elas de pé porque todas são incríveis e porque nós também somos. Aí começam os problemas.

Por outro lado, por mais que as fontes de financiamento a empreendedores estejam cada vez mais acessíveis, os recursos sempre são limitados. Não estamos falando somente de dinheiro, mas também de pessoas qualificadas e tempo, para ficar em dois conceitos.

Foco talvez seja um dos temas mais subvalorizados de toda a literatura de gestão. Acontece que ninguém faz nada sem ele. Foco é um dos grandes pontos que diferencia realizadores de pessoas com grandes planos. O excesso de informação da Nova Economia faz o número de distrações ser diretamente proporcional. E isso atrapalha.

Ok, mas como saber qual a resposta certa a cada momento? Existem algumas coisas que podem ajudá-lo nesse caminho. A primeira é ter um propósito verdadeiro, algo que realmente o impulsione. Qual é seu motivo para levantar todos os dias da cama? Se for ganhar dinheiro, boa sorte. Porque isso não é um propósito e você vai precisar da sorte como companheira nos longos dias da sua jornada.

Um propósito bom é aquele que o completa. Que faz sentido para você. Toda boa empresa ou todo bom projeto é aquele que resolve um problema. Que problema você resolve? Você trabalha doze horas por dia para quê? Para quem?

Melhor ainda se você encontrar um propósito que seja compartilhado entre todos que o cercam. O sentido dessa sua jornada, claro, tem mais força quando alinhado com a equipe e os parceiros. E toda vez que houver um conflito, interno ou do grupo, seja honesto com todos.

A pergunta que deve nortear as decisões é simples: essas ideias, caminhos e projetos são os que nos levam mais rapidamente ao nosso propósito? Ao nosso objetivo de longo prazo? Ao nosso propósito como empresa? Serão muitas as distrações, mas saber onde se quer chegar já ajuda bastante. Ter um motivo maior por trás disso ajuda mais ainda. De novo, muitas oportunidades vão aparecer e, acredite, serão sedutoras, uma sempre melhor que a anterior. E prometerão soluções fáceis e prazerosas. Você vai querer agarrá-las. Cuidado. Lembre-se de onde quer chegar, e se essa oportunidade desvia você desse caminho, esqueça. Foco, foco, foco.

A segunda forma eficiente de avançar nesse jogo é aprendendo a fazer uma boa gestão do seu tempo. E isso significa priorizar. Quem prioriza, diz NÃO. **Escolher é fazer renúncias.** Não é fácil, mas é necessário dizer não. O tempo é seu bem mais escasso e não pode ser desperdiçado. Como já apontamos, a Nova Economia é implacável. As pessoas aprendem a ter foco e a gerir o tempo com alguma dureza por pura necessidade. Você precisa escolher se vai perder tempo com fofocas ou em uma negociação que pode fazer você dobrar de tamanho. Se quer passar sua tarde se vangloriando das conquistas ou pensando no próximo plano. Se vai almoçar com um amigo por semana ou se utilizará esse tempo para conhecer gente que possa ajudá-lo em seu objetivo.

Mas como fazer isso? Como posso saber se estou priorizando? Faça um exercício: por uma semana, anote tudo que fez em cada dia de sua vida. Divida seu dia em 48 períodos de 30 minutos e comece a marcar.

00h – 07h Dormir
07h – 07h30 Banho e café da manhã

E por aí vai. Passada uma semana, releia tudo que foi feito. Você vai se surpreender com o resultado. E já contamos qual será. O problema não é falta de tempo; é mau uso e desperdício dele. No trabalho, você provavelmente vai identificar um excesso de reuniões. Que tal, no próximo convite, fazer uma pergunta simples antes de começar essa conversa: "Qual é o objetivo desta reunião?". Em casa, pode notar, por exemplo, que você reclama que não tem tempo para ler, mas passa muito tempo em frente à televisão. Ou o contrário. Mapear tudo isso pode ajudá-lo a mudar, porque você será capaz de identificar o problema. Extrair dados para analisar e transformar isso em ações diferentes das que você faz hoje.

Alocar nosso tempo com sabedoria nos faz sentir melhores. Alocar de acordo com nossos objetivos nos faz mais eficientes para cumpri-los. Foco é a nossa capacidade de execução.

Agora, de nada adianta anotar tudo que for feito, analisar, repensar suas ações e realizá-las por três semanas. Foco anda lado a lado com o hábito.[12] Tenho certeza de que, ao ler este livro, você vai pensar no que faz durante seu dia que é essencial para seu sucesso. Isso é ótimo, mas só isso não é duradouro. Esta prática só se pereniza quando se torna um hábito. Ou então é apenas um rompante sem continuidade. Hábitos levam tempo para serem construídos e exigem esforço. Crie mecanismos e rotinas para garantir que isso terá sequência. Todo dia de manhã, ainda na cama, faça a seguinte pergunta a si mesmo: "Qual a coisa mais importante no dia de hoje?".[13] Ou, indo além, quais as três coisas mais importantes que você precisa fazer neste mês? Use melhor seu tempo. Crie novos hábitos que o ajudem a manter o foco e a chegar onde você quer. Tente por três semanas, não uma nem duas. Três semanas e isso se tornará um hábito.

Ok, isso é muito interessante para mim, mas como levar a um grupo de pessoas, a uma empresa? Primeiro, garanta que o indivíduo está com consciência e bons hábitos. Porque um grupo pode ser maior que o indivíduo, mas o indivíduo ainda será seu componente essencial. Depois, crie rotinas e disciplinas, que, no limite, (re)definirão sua cultura organizacional. Aqui vêm as boas rotinas de planejamento estratégico, a obsessão por métricas, as reuniões periódicas de acompanhamento de resultados e o aprendizado constante para estar sempre um passo mais perto de seus objetivos. Ao longo do livro falaremos mais sobre formas de operar e instrumentalizar os princípios, mas cabe desde já o entendimento de que a essência do foco é ter clareza do que tem valor para você e priorizá-lo, seja qual for seu modelo de gestão.

Marcio Kumruian, da Netshoes, dizia, na época que o dia a dia da empresa era como uma corrida de Fórmula 1. Segundo ele, pilotávamos um carro a 300 km/h sem retrovisor. Não devíamos olhar para trás, não devíamos nos lamentar dos erros. Nem comemorar excessivamente as vitórias. Devíamos apenas focar na próxima curva e no nosso plano de prova. Andar sempre no limite. Fazer volta mais rápida em cima de volta mais rápida.

— Você pode até errar em 4 ou 5 voltas, mas não nas 70. A prova é longa, mas, no fim, só quem tem foco vai acertar mais que errar e se tornar vencedor — ele gostava de dizer.

Para nós, a mensagem que ficava é que a vitória estaria na consistência. Na capacidade de se manter focado por longos períodos.

Conhecemos um executivo que levava a questão do foco ao extremo. Em uma reunião de trabalho, quando colegas reclamaram que ele não respondia nenhum e-mail que lhe era enviado, ele não teve dúvidas:

— Seu direito de me mandar um e-mail não é uma obrigação minha de respondê-lo. Meu compromisso é com os nossos clientes e se eu tiver cinco minutos livres em um dia, vou focar neles e não em você.

Exagero? Talvez. Mas quem tem um objetivo a alcançar, não tem tempo a perder. **E ter foco pode fazer a diferença entre quem consegue e quem não consegue atingir um objetivo.**

O QUE IMPEDE VOCÊ?

Muitas pessoas têm vontade de partir para o novo, mas sentem medo. Um medo que paralisa. Então essas pessoas seguem vivendo, mas, para aceitar isso racionalmente, tangibilizam esse medo das mais variadas formas. Sabe aquela história da gaiola dourada ou das algemas de ouro? Cargos, títulos, altos salários. As tão sonhadas conquistas do mundo profissional muitas vezes são justamente os principais impeditivos ao novo. São o que amarram as pessoas ao velho e são exatamente o que deve ser abandonado para se experimentar o novo.

Conhecemos muita gente que ficou no meio do caminho, que não teve coragem de seguir adiante sem essa segurança, que muitas vezes já não existe no mundo atual.

Fizemos uma lista das principais amarras que observamos como obstáculo para a jornada rumo à Nova Economia. Elas vêm impedindo que grande parte das boas ideias virem realidade. São amarras difíceis de desatar. Se seu foco é ir para a frente, você não vai decolar se quiser levar tudo isso junto. É claro que muitas são reais. Assumir riscos não é para todo mundo. Pense a respeito, dê uma olhada na lista a seguir e veja se alguma dessas ideais já passou por sua cabeça.

- **A segurança e o conforto de um bom salário**

Um contracheque incrível é um belíssimo obstáculo às suas possibilidades de tentar o novo. É difícil abrir mão de seus ganhos e de uma vida confortável para se arriscar a ganhar menos ou, em alguns momentos, nem ganhar. É mais difícil ainda quando você tem pessoas que dependem de você, como pai, mãe, marido ou esposa e filhos. "Tenho contas para pagar!"

Entretanto, talvez mais difícil seja passar a vida toda imaginando como teria sido se tivesse tentado. Talvez seja mais duro passar uma vida toda sendo infeliz imaginado como seria se tivesse arriscado. O arriscar aqui não necessariamente significa empreender, até porque nem todo mundo tem isso no sangue. Pode significar mudar de emprego para uma empresa menor, com um salário mais baixo. Simplesmente porque essa outra empresa tem um propósito muito mais alinhado com suas crenças. São cada vez mais comuns casos assim, de pessoas que aceitam dar um passo para trás para dar dois para a frente em seguida.

Difícil, né? Exatamente por isso que esse é o impeditivo número um para quem busca o novo.

- **O *status* de um cargo de respeito**

Muita gente não aceita mudar para uma empresa mais ousada, moderna e inovadora, simplesmente porque não aceita perder o título que tem na corporação. Ser CEO, vice-presidente, diretor ou gerente de alguma coisa impede muita gente de talento de ter uma jornada incrível, na qual as realizações valem muito mais do que um título estampado em um cartão. Muitas empresas da Nova Economia têm estruturas mais horizontalizadas, algumas inclusive sem nomes de cargos, onde os funcionários são identificados apenas pelo departamento em que trabalham. E aí, o que você prefere? Tentar realizar seu sonho ou ser chamado de doutor?

- **Um currículo premiado**

Já ouviu falar naquela história de que não se pode elogiar muito uma criança no que ela é boa, ou ela nunca se arriscará em outras áreas? Pois é, elogio demais pode ser ruim porque paralisa e prende a pessoa na zona de segurança, algema no conforto. Quanto mais premiado você for na sua área, na sua empresa, no seu mercado, mais medo terá de se arriscar e buscar o novo.

"Caramba, mas eu já domino tudo isso. Como seria em uma área diferente? Por que vou arriscar?" Quem nunca pensou nisso?

Deixe os prêmios para trás e vá adiante se é isso que você quer. Gente boa é premiada em qualquer lugar. E, além disso, que prêmio você está buscando? A paz interna e a sensação de estar encontrando seu propósito não rendem nenhuma estatueta, mas podem ser o maior prêmio de todos.

• Uma reputação a zelar

A reputação a zelar é igual aos prêmios. Podem ser muito bacanas, mas se você não estiver feliz, não servirão de nada. Você tem uma reputação no mercado? Legal, só que com a velocidade das mudanças, tudo pode virar pó em questão de segundos na Nova Economia. De novo, está pronto para reconstruir sua reputação em uma nova área de atuação?

• Um bom ambiente

Onde você está atualmente todos gostam de você, você é querido e se dá bem com todo mundo. Tem coisa melhor? Como deixar esse ambiente perfeito para arriscar viver em um que você não conhece? Essa é outra das armadilhas da zona de conforto. Se você é um cara bacana, se trabalha bem em grupo, será querido em novos lugares. E quem é seu amigo de verdade sempre vai ser.

Como você percebeu, a vida na Nova Economia não é fácil. Mas pode ser boa. Além desses, existe uma série de outros impeditivos que têm ficado entre as pessoas e a realização de seus sonhos. Identificá-los é o primeiro passo para poder mudar esse jogo.

Sejam bem-vindos à Nova Economia!

PARTE II

EMPREENDENDO NA NOVA ECONOMIA: DO PROPÓSITO A UMA BOA IDEIA TESTADA COM CLIENTES

COMECE LOGO! FEITO É MELHOR QUE PERFEITO.

O QUE MOVE VOCÊ?
#PROPÓSITO

O que você faria se tivesse R$ 10 milhões em sua conta bancária?

Você leu certo: R$ 10 milhões. A pergunta é capciosa porque o número não é aleatório. É um valor que, em teoria, deveria permitir que você vivesse de rendimentos em um país de juros altos como o nosso. **Traduzindo: você não precisa mais trabalhar para sobreviver.** Bom, seus R$ 10 milhões estão na sua conta. Como será seu dia amanhã? Você vai acordar cedo para ir ao seu emprego atual? Se for empreendedor, segue tocando sua empresa? Pretende abrir um novo negócio? Ou pretende promover uma mudança radical na sua vida?

Pense bem antes de falar qualquer coisa, pois essa resposta poderá dar um sinal importante da relação que você tem com seu trabalho ou negócio atuais. Costumamos nos fazer essa pergunta de tempos em tempos por esse motivo. Ela funciona como um gatilho para uma reflexão – um *check*, como dizemos. Você não faz *check-up* de saúde todos os anos? Pois deveria fazer também esse outro tipo de *check-up*. De felicidade, de realização. *Check-up* mental. Porque, se deixar, a vida vai no automático e quando nos damos conta já perdemos o prazer pelas coisas.

Se sua resposta está relacionada a algo do tipo: "Nunca mais na vida vou trabalhar!", atenção. Sua relação com o trabalho não vai bem. Precisamos alertá-lo que é possível que você tenha caído num conto do vigário. Aquele que diz que você deve trabalhar o máximo que puder até os 50 anos, independentemente de se sentir realizado, para DEPOIS começar a curtir a vida. Conquistar a independência financeira para depois ser feliz. Trabalhar com o que faz você se sentir miserável por décadas para depois buscar algo que ache legal. Não faz sentido, faz?

Voltando ao nosso exemplo, você tem R$ 10 milhões na sua conta. Aperta F5 e o valor continua lá, não é um engano. Então você liga para o seu gerente. Ele lhe indica uma bela aplicação. Ótimos investimentos! O valor dos rendimentos supera suas despesas mensais. Você está livre. Finalmente, pode fazer o que quiser da sua vida. Sim, é possível!

Pense de novo: o que você faria? Por onde começar? Tem gente que passa tanto tempo reclamando da vida que quando tem uma oportunidade de fazer o que realmente gosta percebe que não sabe nem por onde começar. Nunca parou para pensar no que seria uma vida livre.

O que você faria se esse dia fosse hoje? A repetição da pergunta aqui também não é aleatória. Queremos que você pegue uma folha de papel e escreva, coloque algumas ideias de projetos, deixe fluir. "Ah, mas eu não sou empreendedor. Adoro meu emprego e não quero sair." Ninguém falou em deixar emprego nenhum! Ótimo que você gosta do seu emprego. Se esse for o seu caso, refaça a pergunta com uma alteração: o que você faria se seu chefe lhe desse

R$ 10 milhões para um projeto? Que projeto seria esse? O que você mudaria na empresa? Se pudesse pôr de pé um protótipo, um projeto, fazer algo novo na sua empresa que realmente a colocasse em outro patamar, que surpreendesse o mercado e a concorrência, o que seria? Vamos, anote!

Nosso intuito aqui é outro e vamos deixar claro se você ainda não compreendeu: o que você faria da vida se seu motor não fosse o dinheiro?

Esse exercício de elencar coisas que você gostaria de fazer deve ajudar. Dica: o que gostamos de fazer são aquelas coisas que normalmente fazemos nos fins de semana, fora do trabalho. Não tenha medo de errar, busque seu verdadeiro propósito, aquilo que o move. Escreva sobre projetos, ideias, novas empresas. Não importa. Escreva livremente até a folha terminar. Se não conseguir escrever de cara, tome um tempo. Tente mais tarde, volte de novo à folha quando estiver com a cabeça mais tranquila.

Podemos ver listas assim na perspectiva de empreendedores:

1. Abrir um restaurante ou um café;
2. Comprar um pet shop;
3. Fundar uma ONG;
4. Comprar casas para reformar e revender.

Ou na perspectiva de quem está empregado e quer seguir desta forma:

1. Lançar um novo produto;
2. Parar de trabalhar;

3. Investir em uma nova planta e ampliar a atuação para outros estados;
4. Lançar um e-commerce;
5. Adquirir uma máquina nova que vai automatizar um processo.

Essa lista ligada a coisas que gostamos de fazer é muito bacana porque abre uma série de oportunidades. Mostra quantas coisas poderíamos fazer se o motor não fosse a grana. Muitos projetos incríveis começam dessa forma. Pense que na maioria dos temas listados eles acabam por resolver um problema de alguém. O restaurante resolverá o problema de quem quer comer e está passando no bairro naquele momento. O e-commerce resolve o problema de alguém que quer comprar algo e não encontra na sua cidade ou no seu bairro, só para ficar em dois exemplos.

Na Nova Economia, muitas empresas surgiram de necessidades e dificuldades cotidianas dos próprios fundadores. Os primeiros aplicativos de táxi, por exemplo, foram criados por um executivo cansado de esperar por ônibus e carros enquanto tomava chuva. Todos os dias esbarramos com problemas assim na nossa rotina dentro e fora do trabalho. É aquele momento em que temos um *click* e pensamos: "Isso poderia ser feito de outra forma!". O que você faria diferente do que existe para melhorar a vida de quem usa determinado serviço ou produto? Que problema você resolveria? Continue escrevendo.

Pode acontecer de algum dos itens de sua lista não ser exatamente a resposta para nenhum problema específico. É por isso que vamos passar um pente-fino para deixar essas listas com mais cara de negócios. Venha conosco!

DOR E PRAZER #TamanhoDaOportunidade

Enquanto sua lista vai sendo construída, queremos que nos acompanhe em outra reflexão. Um pouco antes perguntamos o que move você. Eis a resposta: o que move você, nós – e o resto da humanidade – são duas sensações: dor e prazer. **Esses são os principais motores do comportamento humano. As pessoas fazem todas as suas escolhas, mesmo que inconscientemente, com base nas dores que querem evitar ou no prazer que desejam sentir. Junto da dor está o medo, medo de sentir essa dor. Junto do prazer está a ganância, o desejo de estender essa sensação.**

Quer ver como funcionam dor e prazer na prática? Você já deve ter ouvido falar da Amazon, a maior referência mundial quando o assunto é comércio eletrônico. A Amazon começou pequenininha, nos Estados Unidos, vendendo livros pela internet. Por que ela foi um grande *case* de sucesso na década de 1990?

ARGUMENTO DA DOR: Imagine algumas pessoas que viviam em uma pequena cidade do interior do país. Elas gostavam muito de ler, mas não compravam mais livros simplesmente porque não encontravam os lançamentos que buscavam na livraria perto de suas casas. A cidade até tinha um estabelecimento desses, mas, assim como a cidade, ele era pequeno e sua oferta era restrita – os principais livros demoravam muito para chegar ou nem sequer chegavam até lá. A cidade vizinha, um pouco maior, já tinha acesso às grandes publicações, mas ficava a 50 km de distância. Imagine pegar o carro ou o transporte público, gastar com gasolina ou com o bilhete da viagem, se deslocar, perder um tempão, correr o risco de acontecer algo ou, simplesmente, chegar lá e não encontrar o livro que deseja. Se você mora em uma cidade pequena, sabe que não estamos exagerando. Essa poderia muito bem ser a descrição de sua vida há uns dez anos, quando queria comprar qualquer coisa um pouco diferente. Acabar com essa dor é algo poderoso. Dar acesso a produtos que o cliente deseja com comodidade é uma forma de entender o sucesso de uma empresa como a Amazon.

ARGUMENTO DO PRAZER: Uma pessoa, apaixonada por livros de história, é uma compradora frequente de livros na internet. Um dia, está lendo as notícias e descobre que seu autor favorito acaba de lançar um novo livro. Ele é incrível! Ela não consegue pensar em outra coisa a não ser tê-lo e, quando checa seu e-mail, é surpreendida por uma mensagem da Amazon. Por conhecer seu gosto literário e saber que ela é uma compradora fiel, a empresa lhe envia um voucher de desconto e concede frete grátis caso ela entre na pré-venda desse livro! Pode comprar seu livro antes de todos e com um descontão, que privilégio! Ela compra por prazer.

Percebe como o comportamento do consumidor também é pautado por dor e prazer? Entender isso é fundamental para construir um produto ou serviço vencedor. Se a Nova Economia afirma que o consumidor deve estar no centro da sua estratégia de negócios, precisamos perguntar: que dor você resolve? Que prazer você gera?

E mais: Qual é a **intensidade** dessa dor ou desse prazer? É uma dor aguda, que precisa de tratamento urgente com um antibiótico? Ou se trata de uma dor mais amena, persistente, que precisa de um medicamento de **uso contínuo**? E se esse produto trouxer prazer para quem for consumi-lo, qual é a **intensidade ou a duração** desse prazer? Será algo que o consumidor irá comprar **uma vez** e viver esse prazer por muito tempo com uma única compra? Ou o bem-estar dependerá de **novas compras** a cada semana? O sucesso de suas vendas dependerá de tudo isso.

As respostas de intensidade e duração guiarão o modelo de negócios, bem como sua viabilidade (falaremos disso mais adiante). Maior intensidade pode representar maior oportunidade e um crescimento mais rápido. Por outro lado, intensidades menores talvez exijam um Custo de Aquisição de Clientes (CAC), esforço maior para convencer ou introduzir um hábito novo. Maior duração (ou recorrência), por sua vez, pode levar a um modelo de negócios de receita continuada.

Indo um pouco mais além, o que é mais forte, na sua opinião: uma ação para evitar a dor ou para trazer o prazer? Acertou quem respondeu dor. Lembre-se de que nosso cérebro é programado para nos manter na zona de conforto, para evitar a dor. Quando você torce o pé, qual a solução instintiva? Mancar! Você manca para evitar que seu peso recaia sobre o pé machucado. Você não quer sentir dor. Nunca. Caso sua ideia de empresa ou projeto seja de algo que vai curar dores, a chance de sucesso com o público aumenta. Estancar uma dor é algo urgente, algo que não se pode esperar ou abrir mão, tem que fazer e pronto.

Quando falamos de dor, na verdade estamos falando de problemas, obstáculos, desafios. Pode até ser uma dor real que leve o consumidor a comprar o que você está oferecendo. Mas também pode ser um trauma, algo percebido como dor, que incomode muito.

Imagine que você, como empreendedor, precise atender um cliente importante ou fazer uma reunião decisiva, mas ainda não montou seu escritório. É o tipo de assunto que não dá para resolver em um café. Mas a reunião foi marcada para dali a dois dias! Foi pensando nessa dor, ou seja, em gente que trabalha em casa e ainda não tem um escritório, mas gostaria de ter um lugar profissional para passar algumas horas do dia, que foram criados os espaços de *coworking*. Esse mesmo negócio poderia se embasar no prazer de trabalhar em um espaço mais legal, mais *cool*. Contudo, a disposição para pagar e a urgência são totalmente diferentes. Viu como o apelo da dor costuma ser mais efetivo para converter clientes?

Agora pense em alguém que gostaria de ser mais organizado com sua vida financeira e precisa urgentemente de ajuda para controlar o que gasta. Foi assim que nasceram muitos *apps* de finanças pessoais. Um serviço de entrega de marmitas de baixas calorias para quem quer emagrecer, por exemplo, e não encontra opções saudáveis por perto, ao mesmo tempo que resolve a dor da falta de tempo para cozinhar e proporciona o prazer de comer bem. Ao resolver problemas comuns a muita gente, esses serviços estão, na verdade, servindo de alívio para dores do dia a dia, como falta de espaço, tempo ou dinheiro.

Defendemos que onde tem dor costuma ter mais oportunidade de converter clientes, mas não estamos falando que o prazer não deve ser considerado. Ele estará como argumento complementar em algumas dores ou como argumentos centrais em casos específicos. Imagine que você quer viajar; ao escolher o destino, o que vale é o encantamento, o desejo, o prazer. Você não escolhe a Disney com seus filhos ou Paris com a pessoa amada por dor, apesar de poder comprar as passagens pelo site que compara melhor preço para ganhar tempo (dor).

A dor e o prazer coexistem no mundo! Entendê-los é necessário para achar o melhor caminho de abordar cada um deles.

Voltando à sua lista e olhando para ela da perspectiva do consumidor, reflita sobre qual dor cada ideia é capaz de aliviar. Ou que tipo de prazer ela proporciona a quem comprar. Não pense somente em suas próprias dores ou nas coisas que lhe dão prazer. Pense nos problemas que as pessoas de sua família enfrentam, nos problemas das grandes cidades, da necessidade de bem-estar em um mundo em que todos andam estressados e sem tempo.

Bacana pensar assim, não? Esperamos que você esteja feliz mesmo porque agora temos uma má notícia. Uma péssima notícia, na verdade. O gerente do banco ligou e disse que você não tem os R$ 10 milhões na conta. Foi um erro do banco. Sentimos muito.

Brincadeiras à parte, o objetivo do exercício foi atingido. **Ele serve para que você questione seu *status quo*, reflita sobre o que você está fazendo com a sua vida e, o mais importante, para mostrar que existe uma série de projetos bacanas** com duas características em comum:

1. Todos eles fazem sentido para você;
2. Todos eles estão esperando para serem tirados do papel.

Isso quer dizer, então, que todos eles vão se vingar? Não. Uma parte importante do sucesso é saber exatamente onde investir suas fichas. Como saber qual o potencial de cada uma delas? Vamos ajudá-lo com isso. Você deve ter percebido que lá atrás falamos de intensidade e frequência da dor e do prazer, lembra? Esses conceitos serão fundamentais para pensarmos em como mensurar o que chamamos de tamanho da oportunidade.

Criamos uma equação simples para ajudar a medir o potencial de cada ideia com base em três aspectos: intensidade, recorrência (que já mencionamos anteriormente chamando de frequência) e quantidade. A equação é assim:

$$\text{Potencial de Negócio} = \frac{(\text{Quantidade} + \text{Intensidade} + \text{Recorrência})}{3}$$

Vamos passar por cada um dos itens que compõem essa forma simplificada de calcular o Potencial de Negócio. Para facilitar, vamos fazer a avaliação de uma empresa real, uma companhia que você conhece. Que tal utilizarmos o Uber como referência?

Daremos dar notas de 0 a 10 a cada uma das variáveis como se estivéssemos testando essa ideia.

Quantidade: O ponto aqui é entender quantas pessoas potencialmente podem usar ou comprar nosso produto ou serviço. Seu bairro todo? Sua cidade? O estado em que você mora, seu país, o mundo? Quanta gente poderia precisar da sua ideia hoje? Somente mulheres? Somente crianças? Somente ruivos?

Para o Uber, demos nota 9, uma pontuação altíssima. Parece que esse serviço tem potencial, por exemplo, para impactar pessoas de ambos os sexos, com mais de 16 anos, de classe média para cima, dos quatro cantos do mundo (como já está acontecendo). Uma grande quantidade de cidades, em quase todos os países, teria consumidores para carros compartilhados solicitados por um aplicativo gratuito, com motoristas bem-educados e preços melhores do que os praticados pelos taxistas.

O critério de quantidade tem esse objetivo, medir quantas pessoas poderiam potencialmente consumir aquilo que você vai oferecer.

Quantidade
Nota: 9

Intensidade: Qual o tamanho da dor que você irá curar ou do prazer que irá proporcionar? Ter que cuidar de um carro, abastecer semanalmente, fazer a manutenção e pagar as taxas é um problema para muitas pessoas – e parte disso pode ser resolvido ao deixar o carro em casa e passar a usar o Uber. Mas o aplicativo vai além e evita que as pessoas tenham que ligar para um ponto de táxi, onde nem sempre existem carros disponíveis, ou que saiam à rua em dias de chuva à procura de um carro disponível. Ou seja, traz conforto e rapidez. Ok, procurar um táxi na chuva não é o pior dos problemas do mundo, mas ter essa comodidade na palma da mão facilita o dia a dia de muita gente. Nesse caso, vamos avaliar essa intensidade como moderada para alta.

Como você percebeu, esse exercício é um tanto quanto subjetivo. Não se preocupe com os valores decimais de cada nota. O objetivo aqui é hierarquizar o potencial de suas ideias.

Intensidade
Nota: 7

Frequência: Quantas vezes por dia, semana ou mês as pessoas usariam esse serviço? Claro que depende de cada grupo, mas se considerarmos regiões metropolitanas próximas a São Paulo, por exemplo, muita gente está deixando o carro de lado para usar meios de transporte alternativos. Em Nova York e em diversas outras cidades do mundo, já virou febre. Nesse caso, a frequência poderia ser de moderada a intensa.

Frequência
Nota: 9

Não é simples? Some as notas de cada item para saber o potencial de seu negócio para dar certo. Não precisa ser, necessariamente, nota 10, mas precisa responder bem a essas questões. No caso do Uber, mesmo sem ter chegado à nota máxima na nossa equação, ele já provou na prática que é um sucesso. Em nosso exemplo, temos para o Uber a seguinte conta:

$$\text{Potencial de Negócio} = \frac{(9 + 7 + 9)}{3} = 8{,}33$$

O objetivo dessa equação é ajudar nas primeiras escolhas. Notas muito baixas podem ser um precioso sinal de alerta. Imagine um negócio de aluguel de DVDs: quantidade e recorrência podem até ser altas ou médias para o público que gosta de ver filmes, mas a intensidade é zero: com os serviços de Netflix e baixos custos de aquisição de DVDs on-line, a dor para isso é quase zero. Bem, a Blockbuster que o diga, se foi!

Quer ajuda com sua planilha de Pontecial do Negócio? Vá em www.mudeoumorra.com.br e baixe um modelo prontinho para você. Será bem útil.

Como já mencionado, se o objetivo é saber por onde começar, a regra do cálculo de Potencial de Negócio pode ser uma ajuda e tanto. Tirando casos extremos, ela pode dar pistas em uma comparação entre duas ideias de qual tem maior probabilidade de decolar ou de aderência ao mercado.

Existe também uma forma tradicional de fazer isso que é baseada em uma lógica financeira. Você começa analisando qual a dimensão do seu mercado a partir do tamanho dele em termos de movimentação de dinheiro. Vamos imaginar que você esteja pensando em vender balas. Uma forma de entender o tamanho de mercado no Brasil é multiplicar a quantidade de balas que são vendidas por ano pelo valor médio de cada uma delas. Vamos dizer que sejam 300 milhões de balas a R$ 1 cada uma. Estamos falando de um mercado de R$ 300 milhões por ano. Claro que os valores são hipotéticos, o que importa é o racional. Agora, vamos dizer que você quer trabalhar apenas com balas premium voltadas à classe A. Isso elimina 90% do mercado. Vamos imaginar que você quer vender apenas para adultos. Isso faz com que você tenha 3% do mercado original. E, assim, nessa tática do maior para o menor, você vai focando e entendendo o potencial da ideia que havia imaginado.

Modelos mais complexos levam outras variáveis em consideração como por exemplo a existência e a qualificação da concorrência.* **Nossa sugestão aqui é que você use o modelo mais rápido e fácil. Usar simplificações é válido para começar a rodar e avançar rapidamente.** Se você quiser usar outros modelos em um segundo momento, fique à vontade.

---

* Fatores como fornecedores que são monopólios e outras barreiras de entradas devem ser levados em consideração antes da real decisão do investimento. A ideia do plano de negócios para quem já estudou ou conhece não deixou de existir, apenas não acreditamos que os exercícios mais completos e complexos são necessários nas decisões iniciais, principalmente tratando-se de pequenos investimentos. Contudo, fica nossa consideração de que quanto mais dinheiro envolvido, certamente, maior será a análise necessária.

RÁPIDO, FÁCIL E ESCALÁVEL #PorOnde Começar

Vamos continuar no planejamento até esgotarmos essa investigação e termos certeza de que você escolheu o melhor entre tudo o que foi anotado naquela folha. Muitas vezes, diversas ideias têm notas semelhantes em termos de potencial. Por isso, desenvolvemos uma nova rodada de avaliação para ajudar a hierarquizar os projetos e apostar no cavalo vencedor sem perda de tempo.

A aplicação dessa matriz tem como objetivo descobrir qual ideia é a mais rápida, fácil e escalável. É por isso que a chamamos de **Matriz RFE** (rápido, fácil e escalável).

O pensamento RFE é típico das *startups*. Elas normalmente têm dezenas de projetos para tocar simultaneamente, mas como os recursos são escassos (assim como os seus ou da sua empresa), elas são obrigadas a escolher, a ter foco. **Lembre-se de que o lema da Nova Economia é de que sobrevive quem desperdiça menos.**

Como os americanos gostam de perguntar: qual fruta está no galho mais baixo?* Pois vamos começar colhendo essa fruta! Para a nossa realidade, qual projeto trará ganhos mais rápidos, será mais facilmente executado e tem potencial maior para ser escalável? É um exercício de hierarquização e simplificação.

- **Rápido**

É a maneira mais rápida de fazer aquilo ou de resolver aquele problema? É algo que pode ser produzido rapidamente pela sua equipe? Não estamos falando da concorrência ou da sua equipe

---

* O termo original é *low hanging fruit*.

ideal. Estamos falando das pessoas e dos recursos de que você dispõe neste momento. Neste cenário, essa é a ideia vencedora? Se sua ideia exige, por exemplo, que você passe dois anos pesquisando, é possível que já esteja obsoleta quando for lançada. Quanto mais rápido você lançá-la, mais cedo aprenderá com seus consumidores e mais cedo poderá corrigir a rota. Afinal, como você já percebeu, estamos em uma jornada que pode ter muitas mudanças e ajustes no meio do caminho. Sem problemas. Mas se a produção ou o lançamento forem demorados demais, a energia da equipe – e a sua – tende a cair. As pessoas se empolgam quando estão perto de concluir algo, mas se desanimam ao perceber que falta muito para ver o resultado de seu trabalho funcionando na prática. É importante notar que o rápido traz a ideia de pequenas vitórias ao longo da jornada. É mais fácil ter pessoas entusiasmadas com várias pequenas vitórias, porque isso as mantém motivadas e elas passam a acreditar cada vez mais na possibilidade de conquistar aquele sonho grande. Quando o sonho parece muito distante, alguns desanimam. Então, se for muito demorado para fazer, talvez não seja o melhor projeto para começar.

Que notas você daria a seus projetos quando o tema é a velocidade para executá-lo? De 0 a 10, quão rápido seria para você e sua equipe colocarem isso de pé agora?

- **Fácil**

É fácil colocar seu projeto no mercado? Com essa ideia é mais fácil de resolver esse problema? Se for algo muito complexo, se a tecnologia necessária ainda é incipiente, se você precisa mudar a cultura da empresa ou da cidade, repense. Escolha ideias fáceis de tirar do papel, mesmo que tenham potencial de negócio mais baixo. Lembre-se de que você está começando e precisa desse estímulo. Tem que ser fácil, seja por se tratar de um setor que você já domina, por ser algo de simples produção, por você ter uma equipe treinada e já disponível ou por ter outros facilitadores no caminho. Muitos empreendedores se arriscam em setores dos quais conhecem pouco ou quase nada, e a falta de conhecimento muitas vezes se torna um bloqueio ao avanço.

E aí, qual a nota de 0 a 10 em termos de facilidade de colocar isso em prática?

- **Escalável**

Caso a ideia vingue, você consegue fazê-la ganhar escala e crescer rapidamente? Essa ideia é aquela com maior potencial de escalar?

Vamos supor que seu negócio seja abrir buracos. Um trabalhador é capaz de abrir 100 buracos por dia. Se você recebe uma demanda para abrir 1 milhão de buracos em um projeto, você poderá ter problemas para recrutar, treinar e gerir 100 mil pessoas. Agora, se você descobre uma máquina que faz 10 mil buracos por hora, a coisa começa a mudar de figura. Você descobriu um caminho para a escala. Escala aqui não está somente ligada a volume, mas também a custo. De nada adianta contratar 10 mil homens para fazer os tais buracos, para o ganho ser exponencial é preciso combinar aumento de receita com diminuição de custo. Como a ideia aqui é de crescimento exponencial, sempre vamos apontar para isso. Não adianta se envolver em projetos que precisem de muito esforço para serem produzidos em escala. Muitas vezes, a tecnologia é quem alavanca isso. Com ou sem tecnologia, o quão escalável é cada uma de suas ideias? Dê uma nota de 0 a 10!

Atribuídas as notas em termos de rápido, fácil e escalável a cada uma das ideias, é hora de colocar todas na equação, tirar a média e hierarquizar de acordo com as pontuações. Veja:

$$\text{Matriz RFE} = \frac{(\text{Rápido} + \text{Fácil} + \text{Escalável})}{3}$$

Vamos imaginar que você trabalha em uma empresa que faz a maior parte das vendas pela internet. Você identifica uma série de oportunidades para gerar mais vendas. Você pode melhorar sua indexação no Google (o trabalho conhecido como SEO, em inglês, de *Search Engine Optimization*), pode fazer parcerias com um e-commerce de outro setor e ainda pode usar uma nova ferramenta do Facebook para ajudá-lo a impactar clientes com perfis similares aos de sua base atual de clientes. A matriz também pode ser útil aqui.

Para finalizar o racional, é hora de usar de maneira conjunta o Potencial de Negócio e a Matriz RFE. Você deverá ser capaz de entender o tamanho de cada oportunidade para, posteriormente, elencar qual deverá ser sua prioridade número 1. Você vai ter muita clareza de qual projeto é o melhor para ser trabalhado imediatamente! *Go!*

Na prática: avalie as ideias de acordo com as duas equações.

Cada ideia deverá receber uma nota de 0 a 10 de acordo com os critérios: quantidade, intensidade, recorrência, rápido, fácil e escalável.

$$\frac{Q + I + Re + R + F + E}{6} = \text{ideia que você deve atacar imediatamente}$$

Tanto esta quanto a Matriz RFE também estão disponíveis no site www.mudeoumorra.com.br, é só ir lá e baixar a sua.

No caso de escolha para novos negócios, principalmente para novos rumos de sua vida, não podemos usar apenas a razão. Esse processo vai exigir trabalho árduo, então recomendamos que você escolha algo de que goste, que tenha vontade de tocar. Se a diferença entre a ideia de que você mais gostou e o primeiro lugar for pequena, fique com a de que mais gostou. Você terá muito mais energia ao longo de sua jornada se estiver envolvido de coração. **Lembre-se, o importante é ser feliz.**

Incentivamos você a criar uma lista de coisas que gostaria de fazer. Ensinamos o conceito de dor e prazer para mostrar o que motiva alguém a consumir algo. Aplicamos a fórmula de Potencial de Negócio e a Matriz RFE para ajudar a medir o tamanho de sua ideia e ajudá-lo a hierarquizar e saber por onde começar aplicando um modelo racional. Conseguiu fazer tudo isso? Neste momento, você deveria parar e comemorar: você tem uma ideia vencedora! Parabéns, agora você já sabe no que focar! Você tem um norte, um caminho a seguir, o que fazer quando acordar pela manhã. Mãos à obra!

ANDE LOGO! #TesteComClientes

Um dos itens mais importantes que vimos até agora é a rapidez com que a ideia precisa chegar ao mercado. Ser o primeiro é fundamental em termos de inovação, construção de marca e escala. Quem sai na frente finca uma bandeira e se associa para sempre a um novo conceito. Mais tarde, outros podem até copiar ou fazer melhor, mas esse tipo de história só é contada por uma única empresa: a vencedora. Um vacilo pode significar a perda do *timing* e permite que um concorrente saia na frente e coloque tudo a perder. Não se trata, é claro, de lançar um projeto "capenga" apenas para dizer que foi pioneiro. Mas, sim, de sair em disparada para ganhar clientes, volume e aprimorar o produto à medida do possível. Velocidade é algo muito importante.

Então, qual é o próximo passo da lista de ideias colocadas à prova com as matrizes de potencial e de rapidez, facilidade e escala? Um novo teste. Dessa vez, entretanto, um teste real.

Vamos sair do campo da teoria e conversar com potenciais clientes. Lembre-se de que são eles que derrubarão sua ideia ou irão ajudá-lo a fazer ajustes para que ela melhore. **Dentro do mindset de teste e melhoria contínua, você mapeará clientes em potencial e apresentará a eles sua ideia vencedora. Sim, você agendará conversas, apresentará seu projeto e estará pronto para apanhar.** Porque provavelmente é isso que vai acontecer. É muito comum que uma primeira leva de ideias traga projetos muito crus que demandem ajustes. Não desanime!

Dica valiosíssima: não vale papai, mamãe, irmão, marido ou namorado(a)! Lembre-se de que as pessoas que mais gostam de você não querem que você sofra. Logo, tendem a desestimular sua jornada rumo ao novo, rumo à incerteza que um novo negócio traz. Você precisa de consumidores isentos. Para encontrar quem lhe dará os melhores *insights*, pense naquela história da dor e do prazer – de quem você tiraria dor ou a quem daria prazer com esse novo negócio ou projeto dentro da empresa em que trabalha? É para esse público que você tem que perguntar. Tente imaginar como seria esse seu consumidor. Escreva suas características. Agora, vá pegá-lo!

Escolha no mínimo cinco pessoas (o número ideal é dez) e vá para as ruas com um caderninho à mão. Se você está planejando um condomínio para pessoas da terceira idade, converse com os amigos dos seus pais ou avós. Se sua ideia é um aplicativo que ajude as crianças a estudar, converse com os colegas de classe dos seus filhos ou sobrinhos.

Outro detalhe: é importante que a entrevista seja feita pessoalmente. Você pode lançá-la por meio de um grupo do Facebook ou por WhatsApp, mas na hora de entrevistar, faça à moda antiga, ou seja, olhos nos olhos. Somos fãs do digital, mas a riqueza de um encontro pessoal ainda é insubstituível. Você vai captar gestos e expressões que passariam batido por mensagens ou vídeo. Você não vai pedir muito! Trinta minutos bastam e você sairá de lá com um monte de informação nova para ajustar em seu projeto. É surpreendente, mas em geral as pessoas estão muito propensas a ajudar nessa fase.

Lembre-se de que as empresas da Velha Economia passam muito tempo planejando, depois desenhando o produto para só então testá-lo. A sugestão é encurtar esses ciclos e, ao mesmo tempo, trazer o cliente para o começo do processo para que ele valide o produto desde o início.

Existem alguns conselhos que podem ajudá-lo nesse papo. O primeiro é que você está ali para ouvir e observar. Seu objetivo não é convencer aquela pessoa de nada, muito menos de que sua ideia é bacana. Mesmo que sinta uma vontade imensa de rebater ou negar algo que lhe seja dito, controle-se. Quanto mais críticas você ouvir, quanto mais genuínas forem as respostas, mais chances você terá de melhorar o que está criando ou até mudar de ideia quanto à sua escolha – o que pode significar uma boa economia de tempo e dinheiro.

Outro ponto importante: você não está vendendo nada, você está testando uma ideia. Explique sua ideia usando uma lógica de problema/solução, isso ajudará a trazer a pessoa que está ouvindo para a sua história. Tente captar o que as pessoas não falam. Muitas vezes, a linguagem corporal expressa mais do que as palavras. Seus entrevistados não verbalizarão tudo.

À medida que a pesquisa evolui, vá mudando as perguntas e utilize o que aprendeu para melhorar as entrevistas seguintes. Não fique preso a um único questionário. Encare tudo como um aprendizado e, quando voltar ao escritório, compile tudo e identifique o que está por trás das respostas. Decifre quais as dores e os prazeres que essas pessoas esperam que alguém resolva ou proporcione.

Aqui vai um pequeno roteiro para você conseguir as informações de que precisa.

Comece explorando:

- Encontre pessoas que tenham o problema/dor que você é capaz de curar ou que busquem o prazer que você irá proporcionar.
- Tente entender qual foi a última vez que essa pessoa viveu ou lidou com a dor. Em que contexto essa dor se manifesta? O que a pessoa sentiu? O que realmente a incomodou e por quê?
- Qual a solução atual para esse problema? O que a pessoa tem hoje à disposição? Por que não resolve o problema plenamente? O que poderia ser melhor na solução atual?
- Pratique a escuta ativa. Deixe a pessoa falar até o fim, sem críticas. Faça perguntas seguidas até entender o que ela está dizendo.
- Seja isento, não induza a pessoa a responder o que você quer ouvir.

Depois apresente sua ideia/solução:

- O futuro cliente precisa entender a sua solução. Vale tudo, um protótipo, um desenho, uma história. Não gaste tempo com muitos detalhes na preparação. Vá ao mercado!
- Apresente sua solução da forma mais simples e direta possível.
- Não faça comentários em cima das considerações dos clientes. Se a pessoa criticar sua solução, pergunte o que está ruim, o que pode melhorar.
- Faça perguntas abertas, que permitam mais do que um "sim" ou "não" como resposta. Estimule a pessoa a elaborar as respostas.
- Não pergunte se a pessoa pagaria por sua solução. Ninguém quer pagar.
- Evite o uso do "por quê?". As respostas virão em formato de justificativas, e não é isso que você quer.
- O que sair dessa conversa é o indicativo de que você está (ou não) no caminho certo. E mais um conjunto de coisas para aprimorar a sua solução.

Não se preocupe em ter sua solução pronta para apresentar. Você fará o que o mercado chama de produto minimamente viável (*Minimum Viable Project*, MVP). É mínimo mesmo. Não se deixe paralisar pelo produto perfeito. É um erro muito comum postergar a conversa com clientes por acreditar que não tem o produto ideal. "Ah, não tenho um desenvolvedor para criar meu app." "Ah, ainda não dá para colocar na rua sem o site na versão paga." Não! Não se engane. Comece pelo básico. Tenha o suficiente para apresentar sua ideia. Pode ser um site, pode ser um desenho numa folha de papel, pode ser uma grande ideia, pode ser uma história bem contada. Não perca mais tempo, comece! Saia de casa e teste. Simples assim. Ao longo de sua jornada, esse processo será refeito diversas vezes. Como seu grande objetivo aqui é conhecer melhor seus potenciais clientes e testar sua ideia, é normal também que você precise de várias entrevistas para se aprofundar. É por isso que falamos em no mínimo cinco entrevistas. Provavelmente serão mais. Esse processo será repetido diversas vezes. Quem é obcecado pelo cliente, fala muito com ele. Mais do que isso: vive o dia a dia dele para realmente entender sua dor. Já pensou em fazer isso? Se passar por seu cliente nem que seja por um dia? Pense a respeito, pode ser muito interessante nessa fase do processo.

E se minha pesquisa for um sucesso, 100% de aceitação sem nenhum ajuste? CUIDADO! A chance maior é de você ter escolhido mal seu público ou o conduzido sem a devida isenção. Repita o processo!

MODELO DE NEGÓCIO #Canvas

Você já escolheu sua ideia matadora, já a testou com um primeiro grupo de clientes, já promoveu melhorias. Entendemos que você está pronto para montar algo mais estruturado para começar um negócio ou implementar um projeto. Você pode achar que somos contra o planejamento. Nada disso! Planejar é preciso, mas não gaste mais recursos do que o necessário nem perca tempo demais planejando. O retorno dos consumidores será a melhor pesquisa para seu negócio. Sempre.

Para ajudar a planejar seu negócio, vamos utilizar um modelo chamado *Business Model Canvas* (Figura 1). Alexander

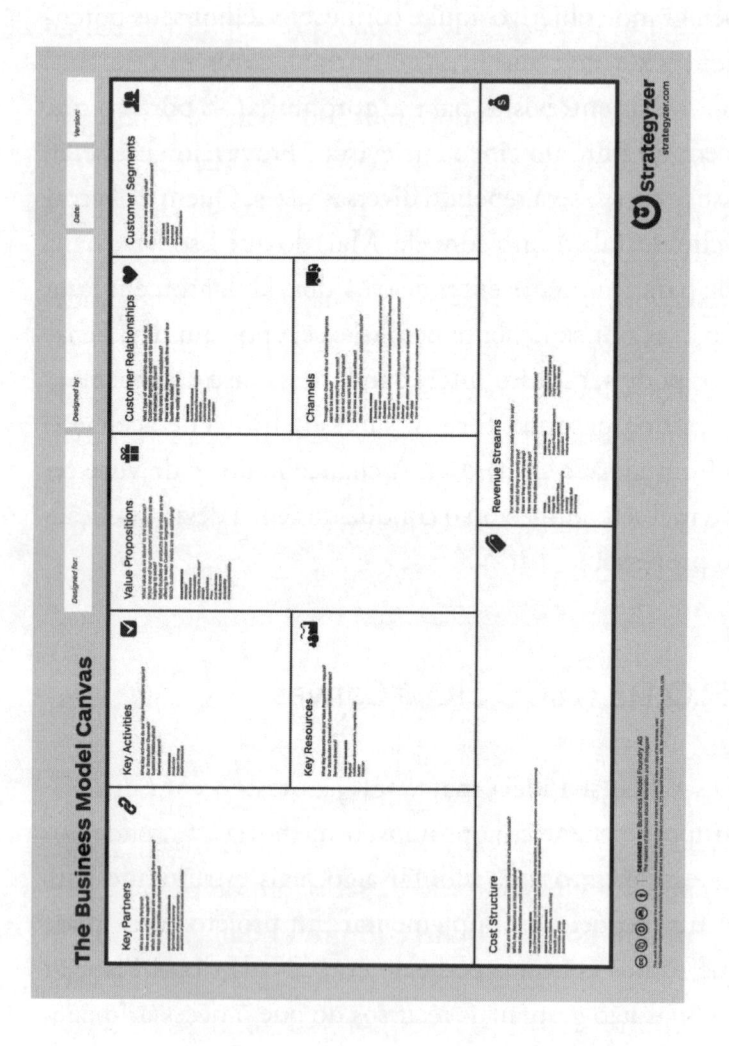

Figura 1 – Modelo Business Model Canvas.

Cowan, sócio da Synapse Partners, foi o criador desse conceito que tem ajudado *startups* do mundo todo a deixarem de ser apenas ideias e virarem negócios de verdade. De forma simplificada, podemos dizer que ele é uma representação visual do seu plano de negócios. Algo para ter na parede da sua empresa ou do seu escritório e ir usando, mudando e acrescentando algo a cada semana. Toda vez que houver essa necessidade.

Este é o Canvas. Você pode baixar o seu no site deste livro: www.mudeoumorra.com.br. O Canvas deve ser lido da direita para a esquerda. Vamos analisar cada um dos quadros para compreender seu funcionamento. São nove no total. Imprima a figura e preencha preferencialmente com *post-its* para que você possa mudar a cada momento que for necessário. Se preferir uma forma mais moderna, o Sebrae criou um Canvas digital muito legal que você pode usar. Procure por Sebrae Canvas na internet, não tem erro!

Para ajudar no desenho do seu Canvas, usaremos um exemplo concreto: Padaria Orgânica. O nome é pura coincidência. Vamos nos divertir!

1. *Customer Segments*/Quem é o seu cliente?

Se todo o negócio gira em torno da satisfação do cliente, nada mais importante do que conhecê-lo profundamente. Aqui o importante é ser o mais detalhado possível. O olhar tradicional foca em informações socioeconômicas como sexo, idade, localização e renda. A dica aqui é ir além e olhar para aspectos comportamentais. Que valores são importantes para essa pessoa? Em que circunstâncias ela consome seu produto? O que ela gosta de fazer no seu tempo livre?

Lembre-se da Padaria Orgânica. No mesmo local, você pode identificar dois públicos com hábitos de consumo diferentes. Há o morador do bairro, que frequenta a padaria no fim de semana com a família e passa mais tempo nas mesas, e também há aquelas pessoas que estão de passagem para o trabalho, têm pouco tempo para um café ou um pão na chapa e muitas vezes se alimentam de pé, no balcão. A idade e a classe social podem até ser as mesmas, os clientes podem até ser os mesmos, mas o tipo de consumo é completamente diferente. O executivo que passa apressado durante a semana pode levar os filhos para um *brunch* no domingo.

Com base nisso, você vai começar seu Canvas. Idealmente, você vai montar um Canvas para cada público-alvo, mas comece com um. Crie uma *persona*, dê um nome, uma profissão, estipule quanto tempo esse consumidor fica na padaria, a que horas ele chega e o quanto gasta.

2. *Value Proposition*/Proposta de valor

Aqui entra o que você oferece a cada um desses segmentos de público. Qual é o seu diferencial? Por que eles consomem? Lembre-se de que você resolve a dor ou gera prazer com seu negócio. Para quem está de passagem, a padaria pode resolver uma dor, um problema. Proporcionar um café e um pão de queijo a quem tem pouco tempo, mas precisa se alimentar. Precisa ser rápido, eficiente. Precisa ser saboroso. Uma televisão ligada com as notícias pode ser bacana. Para o consumidor que vai lá aos finais de semana, o que conta é o prazer de fazer uma refeição sem pressa junto com a família. Pesa a oferta do buffet, sua variedade e a qualidade do atendimento.

3. *Channels*/Canais

Assim que você souber quem são seus clientes e o que tem a oferecer a eles, qual será o canal utilizado para fazer comunicação e a entrega do que você oferece? Em que formato? Está funcionando? O que pode ser feito para melhorar? Ainda no exemplo da Padaria Orgânica, você pode distribuir panfletos em prédios residenciais para o público do fim de semana para impactar os moradores do bairro. Ou anunciar nas televisões dos elevadores dos prédios comerciais da região, já que seu público-alvo também são executivos que estão de passagem pelo bairro. Se quisermos usar o celular, podemos elaborar uma ação que impacte apenas as pessoas na região da padaria, em um raio previamente determinado. Defina os canais que fazem sentido para seu *target*. Se não funcionar, refaça.

4. *Customer Relationships*/Relacionamento com o cliente

Caso um cliente queira acessá-lo em qualquer fase da relação, como isso acontece na prática? Você responde aos comentários deixados em sua página do Facebook? Existe um número de telefone para reclamações? Ou, ainda, uma pessoa encarregada para resolver problemas que surjam durante o dia?

5. *Revenue Streams*/Receita

Agora vamos falar de dinheiro. Qual é o modelo de negócio? Como seus clientes pagarão? Será um modelo de pagamento por assinatura ou pagamento a cada compra? Os clientes pagarão parcelado ou à vista? Qual o preço dos produtos a serem ofertados? Pense no quanto eles estão dispostos a pagar e com que frequência comprarão. Eventualmente, diferentes segmentos de *target* poderão ter diferentes modelos de negócios, mas, para simplificar, comece com um modelo único. Isso vai ajudar a definir metas de faturamento mais para a frente.

Parabéns, metade do Canvas está pronto! Agora, vamos olhar para o lado esquerdo.

6. *Key Activities*/Atividades-chave

Quais atividades são indispensáveis para que você entregue sua proposta de valor? É aqui que você irá colocá-las. A Padaria Orgânica precisa produzir pães, sucos, refeições e outros tipos de produto para servir aos clientes. São as atividades que geram vendas para o negócio.

7. *Key Resources*/Recursos-chave

Quais recursos são indispensáveis para que você entregue sua proposta de valor? É aqui que você irá colocá-los. A Padaria Orgânica precisa de um espaço físico para produzir e comercializar seus bens, uma cozinha e uma área para servir os clientes.

8. *Key Partners*/Parceiros-chave

Como vimos, para entregar essa proposta de valor, algumas coisas deverão ser feitas. Mas nem todas precisam ser executadas dentro do estabelecimento. Você pode contar com parceiros e fornecedores para ajudá-lo na sua entrega de valor. Os pães da Padaria Orgânica, por exemplo, são feitos no estabelecimento. Já os doces são comprados de um fornecedor até que se tenha um volume suficiente para contratar uma confeiteira. Ao preencher os *Key Partners*, pense em quem serão as parcerias-chave para que sua ideia aconteça. Quem são seus fornecedores essenciais? Quais recursos você terá que contratar de terceiros?

9. *Cost Structure*/Estrutura de custos

A partir daí você vai começar a pensar em sua estrutura de custos. Quanto custa para fazer tudo isso, dos recursos às atividades, passando pela remuneração de funcionários e pelo aluguel do espaço, por exemplo? Esse cálculo vai ajudá-lo inclusive a pensar no preço que deverá cobrar por seu produto ou serviço.

Com o Business Model Canvas, você pode visualizar todo seu plano de negócios em uma única imagem.

Dica importante: se você travar, saiba que não precisa preencher seu plano todo numa tacada só. Vá fazendo em levas. Comece pensando nos clientes e vá preenchendo. Quando travar, pule para outro bloco e volte mais tarde. Mas não pare, preencha até o fim. Preencha tudo o que sabe, faça uma pausa de cinco ou dez minutos para descansar, e retome. Esse é um truque para ajudar no seu processo cognitivo.

Faça isso ao longo de um ou dois dias, reveja o que foi feito e cole seu Canvas na parede. Rabisque, cole, recole, faça tudo de novo. É natural e até necessário que esse plano seja revisitado e alterado. Não é um ponto negativo, pelo contrário, é sinal de evolução.

Esse é um documento que será feito e refeito. À medida que você vai trabalhando e implantando o plano na prática, deve rever muitos pontos do plano de negócios. Na hora em que for levantar custos, pedir orçamentos para fornecedores, contratar algum serviço, perceberá que nem tudo pode ser exatamente como o planejado e terá que rever algumas coisas. Nesse momento, um recado para o pessoal que gosta de tudo perfeitinho: deixe disso! Se tudo sair exatamente como você escreveu, tem alguma coisa errada. Errar é importante, lembra? O erro ajuda você a mudar para melhor.

Preste atenção no quanto você já caminhou até aqui: já listou ideias que estavam alinhadas ao seu propósito, conseguiu priorizá-las usando a equação de Potencial de Negócio, identificou quais têm mais chances de se tornarem projetos concretos, testou com clientes e, se fez tudo o que dissemos, já desenhou seu plano de negócio!

FEITO É MELHOR QUE PERFEITO #MãosÀObra

A essa altura, você já escolheu sua melhor ideia. Já fizemos os primeiros testes e começamos a conhecer o futuro cliente. E aí, o que eles disseram sobre seu negócio? Gostaram de tudo? Deu tudo certo? Os testes pontuaram alto? Então precisamos lhe falar a verdade: você está fazendo algo errado. É isso aí. Não existe ideia que não precise de ajustes. E se a sua já saiu do papel perfeita, tem que rever isso aí! De novo, vamos lembrar que erro, na Nova Economia, é sinônimo de aprendizado. Quem não erra não tem chance de melhorar. E quando você achar que não está errando em mais nada, que tudo está pronto e nada precisa ser reinventado, seu concorrente vai sair na frente.

Como já falamos antes: seja eternamente BETA. E, como você está só começando, nenhum momento é melhor que esse para errar, aprender com o erro e corrigir. Se tudo parecer perfeito, vamos rever cada detalhe com uma lupa para encontrar o que pode ficar melhor.

Um detalhe que separa empresas vencedoras das demais é sua capacidade de antecipar possíveis erros. Saber onde se pode errar é uma tremenda virtude. Antecipar onde as coisas podem dar errado permite que não sejamos pegos de surpresa.

Queremos apresentar a você um modelo que mostra bem a diferença entre a produção na Nova e na Velha Economia. No modelo antigo, você trabalha arduamente por muito tempo para ver algo pronto somente no final do processo. Acontece que daqui a um ano talvez sua ideia já esteja obsoleta e não tenha mais espaço no mercado. E, enquanto isso, seu concorrente da Nova Economia já lançou três versões de um novo produto, melhorando a cada trimestre. Hoje, a ideia tem que ser colocada na rua o quanto antes e se transformar em algo útil desde o começo. Veja a Figura 2 a seguir.

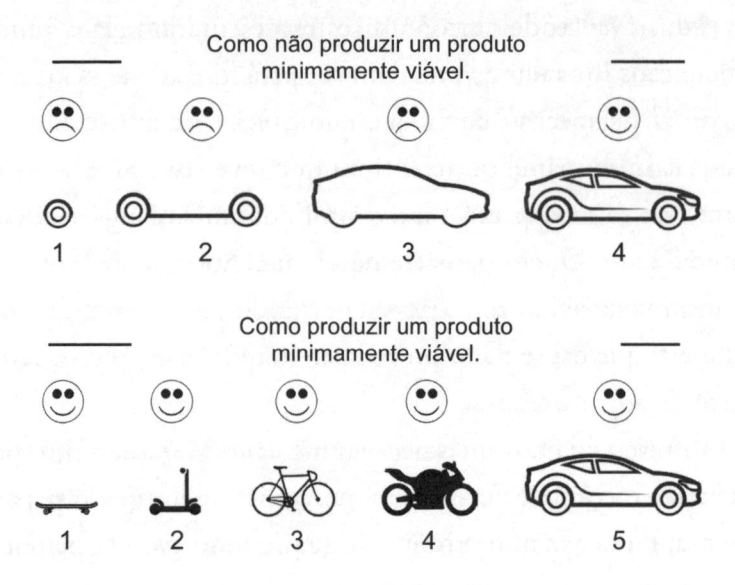

Figura 2 – Produto Minimamente Viável.

Ela trata de maneira bem didática o conceito de produto minimamente viável (*Minimum Viable Project*, MVP). Entendeu a ideia? Em ambos os caminhos, você quer construir um carro. Na primeira sequência, entretanto, você monta um carro a partir da sua perspectiva, da perspectiva da linha de montagem. Quer dizer, você coloca uma roda, um eixo, outra roda, a carcaça e, por fim, tem o produto. Acontece que, no ponto 1, apenas uma roda sozinha não serve para nada em termos de uso ou satisfação do cliente. Seu consumidor não pode fazer nada com uma única roda nas mãos, certo? Ok, isso valeu para a indústria até agora, mas começa a mudar. E rapidamente. Na velocidade em que estamos, pode ser que quando você terminar seu produto ele nem faça mais sentido para o mercado. Porque foi planejado para uma realidade que terá ficado para trás, um ano ou seis meses depois.

No novo modelo econômico, representado pela segunda sequência, os produtos precisam ser pensados desde o início a partir da perspectiva do consumidor. Quer dizer, têm que ser úteis desde o primeiro protótipo. O começo ainda não é um carro, mas já serve para levar o consumidor de um lugar a outro. Esse é o valor que ele agrega desde o início. Na segunda etapa, ele ganha um acessório e isso representa uma melhora. E assim vai. Sabemos que ele será aprimorado ao longo de sua produção, a partir da coleta de opinião dos clientes. Ou, em outras palavras, sabemos seu começo, mas não seu fim. **Também sabemos que ele agrega valor desde o início porque foi produzido para o cliente. E isso é o mais bacana desse processo. Você sabe onde quer chegar e por onde iniciar. O meio será descoberto ao longo da jornada, quando se vai aprendendo de forma orgânica, encontrando seu caminho até o melhor produto final, aquele que foi validado pelo consumidor.**

Calma, sabemos que um *skate* não vira um carro na linha de montagem, esse é só o espírito da coisa. Você tem que incorporar esse espírito em sua empresa. Esse modelo nos diz muitas coisas, que você tem que anotar e colar no meio da sala de reuniões, onde todo mundo possa ver.

- Primeira lição: **Comece!** Se você não tem as condições ideais para começar, não desanime. Inicie com o que tem em mãos agora. **Nunca use a falta de recursos como desculpa.** O importante é começar a trabalhar. O feito é sempre melhor que o perfeito.
- Segunda lição: **Lembre-se de que será sempre BETA. Você evoluirá em pequenos ciclos, um passo de cada vez.** Mas

é importante que se mova, que teste, que aprenda e que comece a colher os frutos dos primeiros aprendizados.
- Terceira lição: **Ponha logo a equipe na rua para motivar as pessoas. Produtos que demoram muito tempo para serem lançados acabam desestimulando o engajamento do grupo.** As pessoas querem receber *feedback*, melhorar constantemente o que fazem, mudar para melhor, se envolver. Se você for rápido em colocar sua ideia no mercado, vai incentivar as pessoas a trabalharem com você. **Pequenas conquistam motivam.**
- Quarta lição: Você provavelmente não dispõe de muitos recursos nesse momento. Por isso, não invista agora em modelos tradicionais de pesquisa. **Faça a pesquisa inicial com seus possíveis consumidores e vá aprimorando sua ideia na medida em que conquista clientes.** O *feedback* de quem usa o que você produz é a melhor pesquisa do mercado.
- Quinta lição: **Agregue valor a cada etapa.** Se você colocar um produto mais simples e for aperfeiçoando de tempos em tempos, a percepção dos clientes é de que sua empresa não está parada. Isso desperta interesse no público, pois ele vê que o produto está em constante evolução e que ele faz parte desse processo.

Atenção! Não se trata de uma ferramenta, mas de uma nova forma de pensar!

PARTE III

A GESTÃO DE UMA EMPRESA NA NOVA ECONOMIA

ACELERE! ESTRUTURAR PARA CRESCER.

PARA ONDE VAMOS? #SEUBARQUINHO

Se sua empresa fosse um barquinho no oceano da Nova Economia, você iria concordar conosco em discordar de Paulinho da Viola: não é o mar que navega você, é você quem deve estar no comando. Traduzindo, é você quem está com a mão no leme e será o responsável se essa embarcação se tornar uma jangada furada ou – nosso desejo – uma lancha de corrida.

Você veleja porque quer ou porque precisa? Não seja um pescador só porque é a tradição da sua família. Definitivamente vale se questionar se a sua sensação é a de não ter outra opção na vida a não ser estar nesse barco. Esteja no barco por escolha. Entenda a causa que o faz querer estar nessa embarcação, seja como comandante, seja como marinheiro. Tenha sentimento de dono qualquer que seja sua posição. E tenha clareza de sua escolha. Afinal, qual diferença que você tentando fazer no (seu) mundo?

Ainda na metáfora do barco, podemos dizer que a estrela lá no céu seria o seu PROPÓSITO, nunca deixando você esquecer qual seu norte. Nos momentos mais difíceis, você vai olhar para cima e se lembrar para onde está indo, o motivo de levantar todas as manhãs; olhar para a estrela é ter aquele objeto que o faz lembrar da sua escolha. A força do vento que estufa sua vela e faz seu barco se mover seriam seus CLIENTES. Ele pode ser mais forte dependendo de sua capacidade de conhecê-lo, da sua ESTRUTURA. Ele pode inexistir e obrigar você a ligar o motor da embarcação. Seus colegas nessa jornada, cada qual com sua função, seriam sua EQUIPE. Se não houver entusiasmo e trabalho em equipe, nada vai acontecer. Capitão nenhum entra no mar sem um plano, sua ESTRATÉGIA (Figura 3), nem sem uma bússola para checar se está no caminho correto, aqui chamados de *Objectives and Key Results* (OKR) e *Key Performance Indicators* (KPIs). Não vai ser fácil. Tempestade não vai faltar, afinal, mar calmo nunca fez bom marinheiro.

Figura 3 – Não é o mar que navega você.

Nesta última parte entraremos nos detalhes da gestão de uma empresa da Nova Economia. Passaremos por cinco grandes blocos. Venha conosco!

1. Andar em bloco

Empresas vencedoras da Nova Economia, independentemente do seu tamanho e setor de atuação, têm uma característica em comum quando o assunto é a operação: **elas são capazes de fazer repetidas entregas de qualidade com muita velocidade.** Isso não é fácil. Fácil é fazer uma entrega rápida com alguma velocidade, ou muitas entregas boas sem rapidez. Difícil é se manter entregando com velocidade e qualidade por muito tempo e com consistência. É disso que estamos falando quando nos referimos a alto rendimento. Ele é fundamental para o modelo de melhoria contínua e pode ser um grande diferencial competitivo na Nova Economia. Existem algumas técnicas para se trabalhar dessa forma e é disso que queremos tratar aqui.

O primeiro ingrediente dessa receita de sucesso é fazer toda a equipe andar em bloco, focada e com disciplina rumo a um objetivo comum. Nada dispersa mais energia que pessoas trabalhando de forma isolada, perseguindo coisas diferentes. E, acredite, é o que mais acontece. Quantas vezes você já ouviu que as diferentes áreas da empresa "não se conversam"? Ou que "existem feudos" em determinada companhia? Não existe sucesso enquanto todos os membros de uma equipe não remarem para o mesmo lado. Muitas vezes é o CEO que faz o papel de maestro, garantindo que toda a orquestra toque em harmonia, rendendo o máximo potencial. Mas como pedir que as pessoas andem em bloco, rumo a um objetivo comum se elas não sabem qual é esse objetivo? Se não entendem como o objetivo maior da companhia se desdobra nas pequenas ações do seu dia a dia?

KPIs e OKRs

Um elemento aglutinador que funciona muito bem é o modelo de OKRs (*Objectives and Keys Results*, numa tradução direta, Objetivos e Resultados-Chave). OKRs são uma metodologia desenvolvida pelo Google que rapidamente se popularizou entre *startups* do mundo todo. Na nossa opinião, isso aconteceu pela simplicidade do modelo e pelo fato de poder ser adotado por empresas de todos os setores e tamanhos. **A grande virtude desse modelo é que ele garante o alinhamento de todos os envolvidos no projeto.** O lado bacana é que elas estão representadas em forma de tarefas determinadas pela própria equipe. Isso ajuda muito sua compreensão e aproximação com o dia a dia. Mas vamos entender como elas funcionam na prática.

Uma boa OKR tem duas partes: um objetivo e seus resultados-chave. O objetivo é aquilo que você quer que aconteça, os resultados-chave são indicadores para medir se você chegou lá. Por exemplo, ainda no caso da padaria, uma OKR poderia ser:

Objetivo: ser o maior *player* do bairro na venda de pães até o mês de outubro.

Resultado-chave: vender 100 pães por dia.

OKRs são curtos, simples e normalmente pensados para, no máximo, um trimestre adiante. O prazo curto garante que a empresa ou o projeto sigam ágeis e consigam alterar sua rota caso haja uma mudança de cenário. Mais do que isso, em períodos superiores a três meses as chances de você falhar no desenho da meta aumentam substancialmente. Meta boa é aquela que você atinge ou não atinge por pouco. Meta tem que ser justa. E, de novo, o ciclo curto vai garantir que você consiga mudar o plano caso o cenário mude. Às vezes, o jogo muda e ninguém muda o que está fazendo simplesmente porque está seguindo o plano.

Os OKRs devem ser desenhados de cima para abaixo. Normalmente, começa-se com os OKRs da empresa como um todo ou do CEO e, a partir daí, vai se desenhando os demais em cascata. O dos diretores, dos gerentes, dos analistas e assim por diante. Não importa quantos níveis hierárquicos sua empresa tem. O importante é que todos os níveis estejam alinhados e bem amarrados. Para que uma pessoa bata sua meta, é preciso que aquela do nível abaixo também o faça. Se todos o fizerem, a empresa bate a sua meta! Entendeu como se cria essa dinâmica de interdependência?

Dissemos que o OKR tem um objetivo e um resultado-chave. Para incrementar um pouco esse modo de pensar, vamos dizer que todo resultado precisa ter uma métrica e uma meta. Se tenho uma padaria e meu objetivo for vender 100 pães por dia até o fim do ano, a métrica é a quantidade de pães vendidos por dia e a meta é 100/dia até o fim do ano. Aos poucos você vai desenhando seus KPIs. Em um negócio, esses indicadores podem ser o número de clientes ou usuários, o engajamento, o faturamento, a aprovação dos consumidores, o retorno do investimento. No nosso exemplo é a quantidade de pães vendidos em determinado período de tempo.

Ok, a minha meta é vender 100 pães por dia e hoje eu vendo 70. O que fazer? Eu já tenho o norte, que é aumentar a quantidade de pães vendidos, agora cabe a mim elaborar um plano de ação para que esse objetivo se concretize. Vou contratar mais um padeiro? Vou baixar o preço dos pães? Vou criar um pão novo que vai ser a sensação do verão? Aí é com cada um de vocês.

Mensure quantidade com qualidade

Uma dica bacana é sempre trabalhar com KPIs casados. Traduzindo: você vai olhar para uma métrica quantitativa e outra qualitativa. Por exemplo, FATURAMENTO x MARGEM. Por que isso é tão importante? Porque a segunda meta sempre vai "corrigir" a primeira. Se você diz a um padeiro que ele tem como meta vender os tais 100 pães por dia, ele pode voltar no dia seguinte e dizer "Feito!". Aí você descobre que ele vendeu cada pão a 1 centavo. Tecnicamente, ele está correto. Ninguém falou do preço de venda ou da margem esperada. A meta era vender 100 pães por dia. Se você acrescenta a essa equação um indicador como margem, a história fica mais interessante e financeiramente equilibrada. O mesmo racional pode valer para outras áreas, por exemplo, um indicador de satisfação do cliente ou de custo de aquisição.

O casamento de KPIs clássicas com OKRs costuma ser uma boa forma de se pensar um negócio. Principalmente para quem está no começo. Os OKRs vão garantir que todos os envolvidos entendam quais são os projetos-chave. E os KPIs, por sua vez, servirão como termômetro de desempenho. Idealmente, você deveria fazer verificações semanais de como as coisas estão indo.

Algumas pessoas gostam de usar a metodologia do semáforo para indicar visualmente quais metas estão sendo cumpridas: o verde indica que está tudo certo; amarelo, que há um alerta; e vermelho, que temos um problema. A análise semanal das cores será rica, porque aqueles que estão em verde poderão dividir aprendizados enquanto aqueles que estão em vermelho deverão aprender novos planos para colocar a casa em ordem.

É uma técnica simples que põe disciplina na equipe e para você. Assim, todo mundo vai correr atrás de cada meta e não vai perder tempo com o que não é essencial ao negócio. A parte boa é exatamente essa: nesses OKRs só entra o que é chave em cada área. Caso contrário, a chance de perder o foco é imensa. Eles ajudam a equipe a escolher onde colocar energia a cada semana e a corrigir erros rapidamente.

Esse método é muito importante quando não se tem um chefe cobrando entregas todo dia. E esse é o nosso caso. Quem quer empreender na Nova Economia sabe que a disciplina é essencial para fazer as coisas com rapidez e continuar vivo.

Tarefa para HOJE: você vai escrever os seus três OKRs para os próximos três meses. Combinado? Pense nas três coisas mais importantes que precisa fazer e escreva. Acredite, vai ajudar você a manter o foco e agir para entregá-las.

Uma vez que os OKRs estejam claros e validados, você precisa pensar em como organizar esses objetivos em tarefas semanais para chegar lá. Se você conseguir desdobrá-las em dias, melhor ainda, será melhor para controlar suas horas. Uma dica de ganho de produtividade interessante é definir a cada manhã o que deve ser entregue ao logo do dia e criar pequenas rotinas. Por exemplo, de manhã, ao começar a trabalhar, você pode repassar as entregas do dia. Em seguida, iniciar pela mais importante ou trabalhosa. E-mails de trabalho devem ser verificados três vezes ao dia, não mais que isso. Redes sociais pessoais apenas uma, no almoço. Pequenas regras assim costumam ser úteis para manter o foco.

Tenha disciplina, não se engane. Saber o que fazer e dividir seu dia em entregas e rotinas ajuda muito, mas ainda assim só funcionam se você fizer o que tem de fazer.

É importante que você faça reuniões de acompanhamento das OKRs. Elas podem ser semanais, por exemplo. Servem de um lado, para que você saiba como as coisas estão andando e, de outro, para que as pessoas se sintam apoiadas caso tenham alguma dificuldade.

2. Gestão horizontal

Já dizia a (antiga) sabedoria corporativa: manda quem pode, obedece quem tem juízo. Essa é uma das frases da Velha Economia que odiamos exatamente por representar fielmente o que ela tem de pior. A ideia de que um chefe detém todo o poder como um antigo faraó e toma as decisões do dia a dia a seu bel prazer sem se incomodar como isso impactará a vida de seus clientes ou colegas de trabalho é daqueles exemplos que nos levam a crer que tudo isso mudará muito rapidamente. Não tem outro jeito! Infelizmente, isso ainda acontece nos quatro cantos do país todos os dias. Em um ambiente onde o objetivo maior passa a ser o poder, é natural que as pessoas não se importem com o cliente. Tratá-lo bem não as fará serem promovidas; bajular o chefe, sim! É por isso que a lógica de Gestão Horizontal representa uma ruptura radical nos antigos organogramas que mais pareciam pirâmides egípcias do que qualquer outra coisa. A forma mais eficaz de romper com esse *modus operandi* é trabalhar para colocar mais racionalidade nas tomadas de decisão.

Em ambientes de subjetividade, existe uma grande margem para que o poder do cargo entre em cena e faça um estrago.

Quem nunca participou de uma reunião com opiniões assim?

— Eu acho que o vermelho ficou melhor que o azul...

— Ah, sério? Eu gostei mais do cinza.

Elas normalmente terminam quando Deus, o chefe, dá uma carteirada e define a cor vencedora da disputa em questão. Agora imagine se alguém com um cargo bem baixinho, lá do fundo, dissesse algo como:

— Pessoal, as pesquisas que fizemos comprovam que o azul teve uma aceitação 48% maior que qualquer outra cor.

Zero ego

Um elemento como esse provoca todos a darem um passo em direção a uma tomada de decisão mais racional e normalmente benéfica ao cliente. De quem veio essa sugestão? Não interessa. Interessa o fato de ela ter sido embasada em dados. Aceitar que o estagiário pode ter uma ideia melhor que o diretor é o que chamamos de Zero ego. Simplificando muito, esse conceito sugere que uma boa ideia pode vir de qualquer pessoa da equipe. A contribuição que pode mudar o rumo do projeto talvez esteja com o novato, com o estagiário, com o estoquista, não tem que vir apenas da diretoria. **O Zero ego é a antítese da hierarquia da Velha Economia. E ele pode ser turbinado por uma gestão orientada para os dados!**

Os dados são o tesouro do universo digital. Eles são produzidos com uma abundância absurda! Quem os gera? Você. Como cliente, você oferece esses dados o tempo todo a empresas sem se dar conta. Sabe aquela alegria pelo Gmail ser gratuito ou por não ter que pagar nada pelo Facebook com *features* tão legais? Então, você está pagando com suas informações. Essas empresas usam seus dados para vender publicidade a outras empresas. Ou seja, não existe almoço grátis na internet. Quando você não souber de que modo está pagando por algo, tenha certeza de que é com os seus dados.

Cada site que você acessa, cada aplicativo que você baixa, cada clique que você dá na internet hoje entra para a conta. E essa é uma das melhores partes de fazer marketing atualmente: temos muitos dados para mensurar o andamento de um negócio. E tem cada vez mais gente contribuindo para isso: até 2018, 70% da população mundial usará algum tipo de dispositivo móvel, gerando cada vez mais dados. É ótimo, por um lado, mas bem angustiante por outro. É que essa história de Big Data fornece informações sobre seus clientes, sobre o mercado e sobre o seu negócio de um jeito que ninguém sonhava ser possível há dez anos. O Big Data é a possibilidade de armazenar e processar com uma velocidade incrível esse imenso conjunto de dados que a humanidade vem gerando em grande velocidade. Para se ter uma ideia, em 2017 e em 2018 devemos gerar mais dados do que o gerado desde o início da humanidade.

Então você se pergunta: como é que eu vou achar o que preciso no meio disso tudo? Buscar dados na internet vai fazê-lo economizar muito dinheiro com pesquisa, mas você tem que saber o que precisa. Assim, você vai poder parar de achar coisas sobre sua empresa para ter certeza. Os dados vão ajudar você a tirar a subjetividade das conversas e a saber quais pessoas e departamentos estão realmente indo bem a partir de uma métrica real. Para os brasileiros, que são muito emotivos, baseiam-se muito no *feeling*, esse assunto é especialmente importante. Com esses dados, dá para ter certeza se aquele é o caminho certo ou se é necessário corrigir a rota. Continue investindo em suas ideias! Elas servem de inspiração, e implantar uma ideia é o que dá vontade de seguir adiante. Mas use os dados para colocar essa ideia de pé com firmeza. Tem muita gente que ainda não usa dados na gestão, certo? Se seu gráfico de vendas ou de audiência caiu ou subiu, os dados podem ajudar a entender os motivos. Dado é matéria-prima, o que precisamos é transformá-los em informação útil e organizada para melhorar a gestão.

O racional básico para o uso de dados tem três fases:

EXTRAÇÃO > ANÁLISE > AÇÃO

Na primeira, como o nome sugere, você irá garimpar os dados de clientes que considera relevantes. Vamos dizer que você tem um restaurante e descobre qual a frequência em quantidade de pessoas por dia da semana. De nada adianta ter esses dados extraídos de forma bruta se você não faz uma análise. Você então descobre que às segundas, terças e quartas-feiras têm, em média, 50% menos visitas que os demais dias. De novo, ter essa informação e não transformá-la em uma ação de nada serve. Criar uma campanha de desconto nesses dias como conclusão deste estudo e medir o resultado financeiro seria o passo final para concluir uma jornada de tomada de decisão baseada em dados. Não é tão difícil, vai?

Demos um exemplo muito simples para mostrar o raciocínio, mas a internet permite passos bem mais ousados. Algumas empresas já estão criando modelos de vendas preditivas. Isso mesmo, elas querem adivinhar o que você vai comprar antes mesmo que você saiba. Para isso, estão criando modelos estatísticos capazes de chegar a essa conclusão a partir da análise de milhares de informações de outros clientes. Entendeu até onde o uso de dados pode chegar? Por fim, um exemplo de uso de dados que já é realidade: os grandes e-commerces de todo o país usam uma tecnologia capaz de montar uma Home (página inicial) para cada cliente com base em seus gostos, suas compras na loja e sua navegação na internet. Isso mesmo, se você abrir o site dessa loja agora e seu marido ou sua esposa também, é possível que vocês vejam produtos diferentes, porque cada loja foi "montada" em uma fração de segundos a partir dos dados que você ofereceu a essas empresas.

Ah, mas eu não tenho dados...

Sim, você tem! Vamos mostrar sete formas simples de extrair dados de seus clientes:

1. **Audiência do Facebook**: qualquer um que tenha uma página no Facebook sabe o perfil dos seus fãs. Procure o perfil da sua audiência na área de administração de sua *fanpage* para entender qual o gênero de seus fãs, de onde são etc.
2. **Google**: pesquise no buscador os dados sobre as pessoas que consomem o seu produto. Se você tiver uma agência de viagens, quem compra pacote de viagem no Brasil? Quanto gasta por ano o turista do seu estado? Procure reportagens, pesquisas, informações de órgãos públicos. Para quem não tem nada, isso já serve como uma base.
3. **Café da manhã**: marque um café com seus clientes. Chame de cinco a oito (muito mais que isso vira bagunça!) deles para fazer perguntas, mostrar produtos novos, entender o

que eles acham dos preços, do frete, do atendimento, do site. Faça um roteiro com as informações de que você precisa e as perguntas que você tem que fazer para conseguir as informações. Quando você faz isso com seus clientes, você cativa. Eles se sentirão ouvidos, e isso tem muito valor.

4. **Veja a concorrência**: teste o serviço do seu concorrente, entre na *fanpage*, compre um produto, use um serviço. Não tenha vergonha de copiar (e melhorar!) o que o seu concorrente está fazendo. Pesquise o que o mundo está fazendo em sua área, veja o que é bom e seja rápido em implementar.

5. **Pesquise**: envie um e-mail com um questionário para sua clientela (há várias ferramentas para isso) e mande uma pesquisa para sua base. Eles podem avaliar sua loja, por exemplo, e dar dicas simples para melhorar o serviço, como sugerir um estacionamento. Abra seu coração e ouça. Nós juramos que os clientes adoram a chance de se expressar – isso mostra que sua marca está se preocupando com o cliente.

6. **Customize a audiência**: você pode colocar sua base de e-mails para customizar sua audiência no Facebook. Além de fazer campanhas, você automaticamente saberá o perfil dessa base. De onde ela vem, qual o gênero etc. Por isso, o recomendável é colocar nessa ação apenas os principais clientes. Com esse perfil, é possível rever todo o plano de marketing e voltar suas ações para as pessoas que compram, gostam e repetem seu produto ou serviço.

7. **Use o Google Analytics**: é possível extrair informação importante, então você deve instalar isso no seu site já. Ele mostra, entre outros detalhes, o *bounce rate*, ou a quantidade de pessoas que entram, olham e fecham a janela. Se essa taxa for muito alta, vale entender por que as pessoas

não permanecem em seu site. Você só aprende usando. É simples, não precisa de *expertise*, mas precisa de paciência.

Como deu para perceber, o desafio não é ter dados, mas sim, dentro de uma quantidade gigantesca de dados disponíveis, definir quais são relevantes para mim. De novo, retorne aos OKRs e KPIs. Ali estão os dados que importam para você, as suas metas.

Para fechar, use tudo isso. Por mais incrível que sejam suas ideias, leve os dados para a mesa. Faça a análise e transforme isso em planos concretos. Eles irão ajudá-lo a voar alto. Organize, analise, aplique e transforme em ações.

Um outro aspecto relevante do Zero ego é o conceito do uso de comunidade ou equipe. Explicamos com um caso concreto: acabamos de subir o site novo da Organica. Desenhamos, planejamos, ajustamos e colocamos no ar. Subimos um post em redes sociais pedindo comentários dos internatuas. Em menos de 24 horas, foram sugeridos mais de cinco ajustes no site. O motivo é simples, o coletivo é mais forte que o indivíduo. Mais olhos foram capazes de enxergar pontos que nós não havíamos conseguido. Em uma empresa acontece a mesma coisa quando o ego dos chefes permite.

É por isso que as *startups* amam realizar *workshops*. *Workshops* são como grandes reuniões em que, guiados por um facilitador, os membros de uma equipe buscam soluções de forma colaborativa. Por trás deles, há uma metodologia de extrair soluções do consciente coletivo, criar saídas para problemas existentes e que não conseguem ser resolvidos. Uma regra básica de qualquer *workshop* é que ali não importa seu cargo, todas as ideias são bem vindas e têm o mesmo peso.

3. Cultura do UAU!

Oferecer uma boa experiência aos clientes deveria ser a regra em qualquer negócio. Oferecer uma experiência memorável deveria ser o desafio. Afinal, só existe uma coisa melhor que um cliente satisfeito: um cliente surpreendido positivamente. A geração de uma surpresa em um cliente é que os americanos chamam de WOW Experience, ou Experiência UAU!

"Uau!" da expressão mesmo, aquele ar de surpresa positiva e totalmente inesperada. Entregar a um cliente mais do que ele espera é o que chamamos de cultura do UAU. Na Netshoes, houve uma época em que, por conta de melhorias do departamento de Logística, conseguimos entregar um pedido na cidade de São Paulo em apenas dois dias. E em determinado momento pensamos em reduzir esse prazo para um dia. Então surgiu a dúvida: comunicamos ao cliente ou não essa redução? Possivelmente, venderíamos mais se anunciássemos essa mudança logo de cara. Mas não fizemos essa opção. Em vez disso, preferimos surpreender o cliente com o produto chegando na casa dele no dia seguinte à compra. Entregar um serviço melhor ou mais rápido do que o solicitado é o que chamamos de cultura do UAU. Isso nos ajudou a criar uma marca sólida pautada nessa cultura. Os clientes escreviam diariamente contando que estavam surpresos com a rapidez – isso ajuda a fortalecer a marca. Gente que está surpresa com um produto ou serviço, e que divulga isso entre seu *networking*, gera solidez para a marca.

Por que encantar clientes?

Clientes surpreendidos positivamente são mais propensos a se tornarem fiéis e, melhor ainda, a falar bem da sua marca. **Uma das coisas que mais ajudará você a crescer exponencialmente é ter clientes que, de forma espontânea, façam o boca a boca do seu produto e serviço.**

Uma coisa que *startups* e companhias líderes da Nova Economia têm em comum, independentemente do setor de atuação ou do modelo de negócio, é o fato de trabalharem arduamente para entregar a experiência UAU a seus consumidores. Elas o fazem por um simples motivo: **já entenderam que experiências incríveis costumam produzir resultados financeiros na mesma proporção.**

O raciocínio funciona assim: clientes supersatisfeitos costumam ser mais valiosos por dois motivos. Primeiro, porque essa satisfação se transforma em fidelidade e isso gera recorrência nas compras. Se não bastasse comprar mais, eles ainda gastam mais que a média de outros consumidores. Segundo, porque eles falam bem da sua empresa para amigos e para desconhecidos via redes sociais e *reviews*. Esse boca a boca faz a base de clientes crescer de forma orgânica, economizando dinheiro na aquisição de novos consumidores. Quando alguém fala mal da empresa em público, não é raro que eles a defendam. Quando optam por falar mal, normalmente o fazem de forma privada para a empresa e dá *feedbacks* verdadeiros e úteis que podem ajudar a melhorar os produtos e serviços. Clientes que agem dessa maneira são chamados de advogados ou promotores da sua marca. Traduzindo: o sonho de todas as empresas.

Em uma oportunidade, recebemos na Netshoes a ligação de um cliente furioso que havia comprado um presente para a namorada e o pedido não havia chegado a tempo do aniversário dela. Em uma empresa tradicional, qual seria a resposta? Algo como: "Me desculpe, vamos resolver o problema o quanto antes". Mas na cultura do UAU tem que ser diferente. Mandamos flores para a namorada com um cartão dizendo que o erro havia sido nosso e que o namorado a amava, ele não tinha nada a ver com aquilo! O investimento financeiro foi mínimo, mas a repercussão foi sem precedentes. Essa garota contou a história nas redes sociais, permitiu que os executivos a contassem em palestras e entrevistas e por aí afora. Imagine o impacto dessa pequena ação de marketing para a imagem de uma empresa? E o que custou? Um buquê e uma equipe totalmente alinhada com a cultura do cliente. Isso é construção de marca! Como estamos dizendo desde o primeiro capítulo, os consumidores estão empoderados. Cada pessoa hoje faz parte da mídia. Cada pessoa é mídia. Ainda que ela seja mídia para 20 ou 30 pessoas, pense em 1.000 pessoas com esse alcance.

Quando contamos essas histórias, parece que foi uma ideia que surgiu ali, naquele instante. Mas, na verdade, a cultura do UAU tem muito de planejamento e pouco de improviso. É preciso que se criem processos para que as pessoas enxerguem oportunidades e tenham autonomia para agir com velocidade em meio ao caos do dia a dia. Os quatro termos-chave para que a cultura do UAU se transforme em ações são: cultura impregnada, desenho de processo, autonomia para ação e orçamento pré-aprovado. Não entendeu? Veja se agora fica mais fácil neste passo a passo de como desenhar um plano de UAU na sua empresa:

1. Garantir que todas as pessoas estejam não somente alinhadas com a estratégia, mas também **impregnadas** com a cultura

do UAU, aquele entendimento de que sempre devemos nos esforçar para encantar nossos clientes.

2. Criar processos para que esta estrutura funcione. No caso do SAC, por exemplo, é preciso desenhar um **processo** e um critério para que as pessoas identifiquem oportunidades como aquela para poder agir.

3. Nada acontece se quem estiver na ponta, de cara com o cliente, não tiver uma **autonomia** mínima para tomar decisões. É o que chamamos de autonomia com responsabilidade. Isso garante envolvimento da equipe e agilidade no processo.

4. Por fim, para que tudo isso funcione é preciso que haja um alinhamento prévio de determinação de **orçamento** para esse tipo de ação, para que não haja surpresas.

Por outro lado, há um caso antigo e conhecido que vem de uma empresa da Velha Economia. Um pouco antes do embarque dos passageiros, um avião quebrou no aeroporto. Aquele era o único voo noturno, a lanchonete do aeroporto já estava fechada, estavam todos famintos e sem opção para fazer qualquer refeição. Enquanto os mecânicos tentavam consertar a aeronave, uma comissária de bordo pegou o carrinho de servir que seria usado durante o voo e começou a entregar comida para os passageiros no saguão. Estavam todos famintos, parecia o certo a fazer! E o que aconteceu com essa moça? Foi demitida!

Essa é a Velha Economia, que não empodera nem estimula as pessoas a quebrarem o protocolo. Ela encantou os clientes, que estavam no limite, com fome e irritados. Mas a empresa não tinha a cultura de surpreender seus consumidores. Ela era rígida. E então, o que você vai fazer se um membro da sua equipe quebrar o protocolo para surpreender? Todos têm liberdade e responsabilidade para fazer algo nesse estilo? Ou isso seria considerado um erro a ser punido? Se a primeira vez que alguém erra é punido, isso tem impacto em toda a equipe, gerando receio de outra quebra de protocolo – e outra punição. E então todo mundo pensará duas vezes antes de ser criativo e surpreender.

Cada vez que houver a possibilidade de encantar o cliente, você precisa fazer isso e a equipe também. E não importa se a sua empresa é B2B, B2C ou um consultório... A cultura do UAU pode ser feita em qualquer projeto, em qualquer lugar. As pessoas precisam aprender a gerar o fator UAU para todos os *stakeholders*. De acionistas a consumidores. Empoderar quem está na ponta vai gerar essa possibilidade e contribuirá para que todos desenvolvam a postura de dono. Obviamente essa mudança também tem seus limites e precisa ser vista com prudência. Não vamos quebrar o protocolo a toda hora. Vamos usar esse recurso com sensatez para fortalecer a marca. As pessoas têm que ganhar essa responsabilidade e aprender na prática como se surpreende.

Um aspecto da cultura do UAU cada vez mais explorado por empresas vencedoras da Nova Economia é entender que, naquele momento de surpresa, o consumidor está no clímax da relação com sua marca. O que você pode fazer nesta hora? Pedir uma recomendação! É isso mesmo, mapeie as oportunidades UAU na sua relação com o cliente e, no momento máximo de entrega de valor, de conexão emocional, aproveite para pedir uma recomendação positiva, um depoimento, uma história real. Ele estará muito mais propenso a elogiar a sua empresa.

Satisfação do cliente e o ciclo do NPS

Como você sabe quando seu cliente vai ajudá-lo a vender ou quando a coisa não está indo tão bem? Existe um modelo chamado *Net Promoter Score* (NPS) para auxiliá-lo com essa métrica. Criado pela consultoria Bain & Company em 2003, o NPS é hoje a principal ferramenta para medir quanto um consumidor está satisfeito com a experiência com uma marca – e quanto compartilha essa experiência com sua rede de amigos. Sabe aquela famosa pergunta: "Quanto você recomendaria esta empresa para os amigos, numa escala de 0 a 10?"? É exatamente dessa ferramenta que estamos falando. Se você não tem uma equipe de telemarketing, pode enviar um e-mail ou perguntar ao cliente que vai à loja, deixar um formulário para ele preencher quando terminar o café e por aí vai.

Coloque uma escala de 0 a 10, com 0 significando que não indicaria sua marca a ninguém, e 10 que indicaria com certeza. Pesquise com o máximo de clientes e depois pontue assim:

1. As notas 8 e 7 referem-se aos seus clientes NEUTROS: isso significa que você não foi muito além das expectativas, que sua entrega foi ok, e não é isso o que queremos, certo? Não contabilize esses clientes.

2. Conte as notas 10 e 9: esses são seus PROMOTORES e essas são as notas que você quer que seus clientes deem!

3. Conte as notas de 0 a 6: esses são seus DETRATORES e essas notas são perigosas porque um cliente descontente fala para muito mais gente, lembra?

Sua pontuação final será igual à porcentagem de promotores (os clientes que deram 10 ou 9) menos a porcentagem de detratores (aqueles que deram nota de 6 a 0):

NPS = % de PROMOTORES – % de DETRATORES

Se você entrevistou 60 pessoas e 35 delas deram notas 9 ou 10, enquanto 15 delas marcaram entre 0 e 6, seu *Net Promoter Score* é x (repare que são 60 pessoas e 50 notas, as 10 que faltam são os neutros que não entram na conta). Afinal, 70% – 30% = 40%. Para saber se seu NPS é bom ou ruim, o ideal é comparar com o de outras empresas do seu setor de atuação. Dê um Google e busque o NPS delas para ter como referência.

E mais importante do que apenas medir e saber se você está bem ou mal no termômetro da Satisfação do Cliente é entender que essa métrica é base para uma importante cultura de sustentação da sua empresa. Seus promotores tendem a ser advogados da sua marca, falar bem de você, indicar e ser recorrente. Os clientes neutros devem ser trabalhados para virarem promotores, descubra o que pode encantá-los e vá além. Já os detratores precisam de atenção máxima, são eles que podem destruir sua reputação. Escute verdadeiramente e abrace a melhoria contínua.

Esse é seu termômetro de realidade, o que você vai usar no dia a dia para saber se está atendendo e até indo além das expectativas criadas na comunicação.

A comunicação é a promessa, a experiência é a entrega. As duas precisam estar alinhadas e equilibradas.

A lógica do NPS está cada vez mais importante nos dias de hoje, pois, com as redes sociais, tornou-se muito mais fácil pedir a opinião de amigos antes de fazer uma compra. Você posta uma pergunta no seu perfil no Facebook ou envia nos grupos de WhatsApp de que você participa e logo vêm dezenas de respostas de gente que você conhece e confia. Você terá diversas opiniões confiáveis sobre aquele produto em poucos minutos. Isso sem contar os sites de resenhas de produtos, onde muitos consumidores, principalmente os que estão descontentes, dão sua opinião. O público está muito mais inclinado a acreditar no que essas pessoas, seus amigos e parentes, estão falando sobre uma marca do que em uma propaganda na TV, por exemplo. Em quem você confia mais, em uma propaganda no rádio ou no que seu amigo ali do lado está dizendo? Claro que todo mundo prefere o amigo. Por isso o NPS é importante. Se você posta na sua *timeline* que acabou de se hospedar em um hotel incrível, na hora alguém aparece querendo saber mais, pois está planejando as próximas férias. Ou, se algum amigo diz em seu perfil no Instagram que tem um novo *personal trainer* incrível, logo vai ter gente querendo o contato dele! Na Nova Economia, as pessoas são mídia, elas fazem barulho sobre a experiência que tiveram e multiplicam o que sabem sobre um produto ou serviço.

Uma maneira de capitalizar essa confiança que as pessoas têm nos amigos é criar estratégias que ajudem os clientes a indicar amigos, levando novos consumidores para a sua marca. Anteriormente falamos sobre algumas empresas que criam facilidades para que os clientes indiquem amigos e ainda oferecem vantagens, como descontos ou créditos, a quem indicar. O Uber e o Nubank estão entre essas empresas. Analise como eles estão fazendo, teste e faça igual – não tem o que inventar. Quando você se cadastra e começa a usar o Uber, a empresa manda uma mensagem oferecendo um desconto a você e um crédito por cada amigo que você indicar. Como muitas marcas, o Uber percebeu que todo mundo é um influenciador em determinado meio. E se você se apaixonar pelo serviço, se adorar o produto e se surpreender com um incentivo oferecido, falará para quem você gosta, compartilhará, virará um advogado da marca. Esse é o melhor tipo de propaganda que se pode ter, de modo verdadeiro e gratuito. Com esse tipo de comunicação, a taxa de conversão é muito alta.

Ao avaliar que incentivo você daria ao seu cliente, pense no custo de aquisição de novos consumidores para seu negócio. Existe uma métrica chamada Custo de Aquisição de Clientes (CAC), com a qual as empresas avaliam o custo disso. Pense em quanto se gasta com estratégias de aquisição e compare com quanto esse cliente deixa de dinheiro na sua empresa. Se você gastou R$ 100 em campanhas no Facebook e trouxe 5 novos clientes, seu CAC será igual a R$ 20. Mas isso é bom ou ruim? Depende do quanto esse cliente gastará na sua empresa. O CAC sempre deve ser inferior ao *Life Time Value* (LTV), o valor que o cliente gasta na sua empresa ao longo da relação entre vocês.

Quer saber quanto você pode dar de crédito em uma ação de indicação como essa? Pense sempre que deve ser menos que o seu CAC. Vamos dizer que um cliente novo custe em torno de R$ 100 para sua empresa. Caso você dê um crédito de R$ 50 a quem indicar amigos, você ganha novos clientes e ainda economiza metade do que gasta regularmente. A grande vantagem é que você só dá o crédito ou o desconto se a conversão acontecer de fato, diferentemente de uma campanha publicitária ou de qualquer outra mídia paga, em que você investe sem saber quanto ganhará em troca ou nem mesmo se ganhará algo. E, mais do que isso, você fortalece o encantamento com sua atual base de clientes, que ainda pode economizar dinheiro com seu produto/serviço indicando um amigo.

4. Recursos: Pessoas + Capital

"As pessoas que você contrata são a empresa que você cria."

A frase acima é de Chris O'Neill, CEO da Evernote, *startup* do Vale do Silício. Gostamos dela porque realmente acreditamos que o ativo mais valioso de uma empresa são as pessoas que a compõem. Nada importa mais que elas dentro de uma empresa, são elas que fazem o negócio dar certo ou errado. É exatamente por causa disso que a fase de escolha das pessoas que estarão com você nesta jornada é uma das determinantes para o sucesso ou o fracasso de sua nova empresa ou projeto.

O pensamento que resume esta seção é: sozinho você até consegue começar, consegue dar o *start*, mas não irá muito longe. Sozinho você irá até determinado ponto, depois você precisará de outros braços – e de outras cabeças. Para ir além, para que seu negócio não pare de crescer e se desenvolver, você precisará de mais gente. Você pode até estar sozinho por enquanto – o que é perfeito, pois você vai rápido, não precisa compartilhar decisões e entende exatamente o que é necessário em cada etapa. Sozinho você tem menos interferências, mas também tem mais limites. Seja dentro de uma grande empresa ou dentro de seu próprio negócio, de sua *startup*. A escolha de crescer é sua. Você pode querer ser autônomo ou um profissional especialista e "independente", mas se sua ambição for crescer, precisará de pessoas com você.

Para quem está começando um negócio do zero, muitas vezes o primeiro passo é a escolha de um sócio. Um erro bastante comum que observamos nesse momento é escolher amigos para serem seus sócios. É algo tentador, afinal são pessoas queridas e que já conhecem você bem. O problema é que normalmente trabalhar com alguém é muito diferente de ter uma amizade com essa pessoa. Cansamos de ver *startups* que acabam com amizades de anos e não gostaríamos que isso se repetisse. Vamos dar nossa visão do que são sócios, já que nós mesmos, os autores deste livro, somos sócios em uma aceleradora de negócios chamada Organica (conheça mais em www.organica.digital). Bons sócios são pessoas com alinhamento de propósito, habilidades complementares e, acima de tudo, parceria.

Alinhamento de propósito porque, como vimos, se não estiverem todos remando para o mesmo lado, o barco não vai atingir a velocidade máxima. Habilidades complementares são importantes porque você não vai conseguir ser bom em tudo. Você precisa de gente que pense de forma diferente e saiba coisas que você não sabe. Para isso, é fundamental um trabalho de autoconhecimento em que você tenha claro quais são seus pontos fortes e fracos. Um bom sócio complementa você. Por fim, a parceria tem que ser forte e colocada acima de tudo, porque, como também já frisamos, será uma montanha-russa de emoções. Não vai ser fácil, você vai querer desistir. Por isso, ter alguém ao seu lado pode ser muito útil.

Encontrar pessoas para seguir nessa jornada com você não é uma tarefa fácil. Aliás, o que é fácil na Nova Economia? Nada é confortável! O que você precisa ter em mente nessa hora é o seu "MVP em termos de recursos humanos". Não vai dar para escolher todas as pessoas que você gostaria de ter por perto. Então volte para o seu Canvas.

Como não se pode ter tudo, veja quais são as competências de que seu negócio precisa e que você não tem. Esse é um momento em que o autoconhecimento pesa. Você já olhou para dentro de si mesmo? Porque se não estiver ciente de suas fraquezas e de suas forças, como vai saber o que falta? Então, já se analisou? Essa não é a hora de querer ser o Super-Homem, nem um sabichão. É hora de reconhecer o que você não tem e que buscará em outras pessoas. Se a sua empresa é de tecnologia, certamente um dos sócios terá que entender muito do assunto. Ou vocês terão que contratar alguém no mercado, pois essa será uma competência essencial à sobrevivência. E então, o que mais você precisará buscar no mercado? Seja por meio de funcionários contratados, sócios, parceiros ou consultores, as habilidades essenciais terão que chegar até seu projeto de alguma forma.

Uma solução que muitas *startups* estão encontrando é buscar conselheiros para o negócio em troca de uma pequena participação na sociedade. Em grandes empresas, esses conselheiros podem ser pessoas no *board* internacional da empresa, que se tornarão mentores de quem está de fato envolvido no projeto. Ninguém precisa saber tudo, mas é essencial escolher as pessoas certas para que tudo seja feito do modo como sua empresa precisa.

Como você viu, são muitas as maneiras de ter os profissionais de sucesso que você quer por perto. Caso não seja possível contratar um funcionário (o CLT, aquele de carteira assinada), você pode ter a pessoa que precisa dando uma consultoria, algumas horas por semana. Ou ainda pode ter um conselheiro, um sócio minoritário, um fornecedor, um parceiro.

CLT ou não, o que você precisa é engajar todos em seu sonho. Você terá que buscar no mercado não somente os mais talentosos, mas aqueles que farão seu negócio crescer. Por isso, como já foi alertado, nem pense em contratar alguém porque é seu amigo ou porque é legal. Esqueça os amigos – pelo menos nesse momento! Tem gente que contrata um profissional só porque é amigo querido, entrega parte da sociedade e depois tem muita dificuldade em cortar esse laço. Também não se arrisque escolhendo pessoas que são apenas uma aposta e que ainda não mostraram resultados. Escolha gente que você já conhece, gente com quem já trabalhou, gente que já mostrou que sabe e que entrega o que você precisa. Procure essas pessoas no mercado e tente convencê-las dos seus propósitos. Essas pessoas têm que estar encantadas pela sua ideia tanto quanto você. Afinal, você não quer que elas estejam com você por falta de opção, ou que elas não tenham motivação em acordar de manhã para se dedicar ao projeto.

Para entender como é importante ter o propósito com clareza e compartilhado com sua equipe, existe uma equação clássica da psicologia citada no livro *Capitalismo consciente*, de John Mackey:

DESESPERO = SOFRIMENTO − SIGNIFICADO

Como já mencionado, a jornada de empreender ou construir um novo projeto ou carreira profissional envolve dor, sofrimento e esforço seus e de quem estiver com você. Vendo a equação, o caminho para não perder o prumo é o propósito, o significado. Entenda que faz parte de algo maior, algo que vai mudar o mundo e que dá significado para sua existência e justifique esse engajamento.

Contratar profissionais errados pode custar o futuro do seu negócio

Duas palavras-chave que estão intimamente ligadas com o que você coloca como base das suas contratações: TALENTO e CULTURA.

Essas duas variáveis andam juntas. Não dá para investir apenas no talento ou na cultura. Você terá que unir os dois. Por isso é que empresas como Google e Facebook têm processos seletivos longos e cuidadosos. Essa ideia nasceu com as empresas do Vale do Silício e vem guiando as equipes na Nova Economia. Nessas empresas, ninguém contrata porque é amigo ou porque é legal. Contrata-se porque é a pessoa certa e se encaixa nos valores do seu negócio. Primeiro vem a parte técnica, o currículo etc. Vamos dizer que você procurou, entrevistou muita gente e encontrou o craque em determinada área. Agora é só contratar? Não! Apenas talento não vai resolver sua vida. Esse profissional precisa entender a cultura da empresa, ele tem que estar engajado com os mesmos valores que você tinha em mente quando começou a colocar sua ideia no papel. Nessas empresas do Vale do Silício, há casos em que mesmo que se esteja contratando um engenheiro, ele será entrevistado por pessoas de setores completamente distantes da engenharia. São as pessoas que não entendem nada da área em que ele irá atuar que saberão avaliar se esse candidato carrega os mesmos valores da empresa. Todo esse cuidado não é à toa. Se chamarem a pessoa errada, ela poderá causar muita interferência e acabará atrapalhando sua empresa no futuro. Olhe a equação a seguir e leve-a com você na hora de entrevistar alguém:

$$\text{POTENCIAL DO NEGÓCIO} = \text{RECURSOS} - \text{INTERFERÊNCIA}$$

Potencial é o que seu negócio pode atingir se você tiver claro onde quer chegar, se estiver incorporado à cultura da Nova Economia e se fizer as melhores contratações. Escolha pessoas muito talentosas, sim, mas que tenham a cultura do negócio que você quer montar. Caso contrário, você terá muita interferência jogando contra seu crescimento, seu potencial.

Quer ver? Temos um cliente que só busca o talento. Ele encontra os melhores em cada área e leva para sua equipe, craques de verdade. Mas nem sempre eles têm a cultura da empresa. E isso vem causando grandes problemas. E aí? Esse profissional pode ser bom, mas se não tiver os mesmos valores que você acredita, pode destruir o ambiente e acabar com o clima, puxando todo mundo para baixo. Em um primeiro momento, esse gênio vai levar seu potencial de negócios lá para cima. Mas depois essa capacidade toda acaba custando caro para o grupo.

Existe um exercício interessante que um dos nossos clientes aplica em seus novos contratados. Depois de fazer todos os testes de conhecimento, talento e currículo, toda a parte técnica, ele coloca o candidato escolhido frente a frente com quatro ou cinco pessoas da empresa que conhecem muito bem sua cultura. Nessa hora, esse candidato vai responder a perguntas-chave ligadas ao estilo e ao DNA da empresa. Caso ele não tenha nada a ver com esse DNA, com esses valores, ele não entra. Por melhor que seja. Eles sabem que mais adiante esse profissional, qualquer que seja sua área, causará muita interferência e os gestores não ficarão satisfeitos com os problemas e os custos que isso trará, pois problemas de identidade e de clima custam muito para resolver.

Quando falamos de contratação, ouvimos de muitos clientes a seguinte pergunta: "Ok, mas então como eu faço para que a minha cultura seja adotada por meus funcionários? Quero que todos sejam sangue nos olhos!". Aí vem um ponto muito importante: empresa nenhuma passa valores a funcionário nenhum. Esta pessoa já chega no processo de entrevista com seus valores.

São valores de sua vida. Logo, o trabalho do empregador é identificar pessoas com valores alinhados à companhia e atraí-las.

Só para esclarecer: uma empresa consegue, sim, transformar as crenças de um colaborador e, consequentemente, mudar algumas de suas atitudes.

O importante aqui é você ter clareza em relação à cultura da sua empresa. Isso é fundamental para saber quem você é e onde quer chegar. Sem saber quais são seus valores, fica impossível avançar com essa lógica. Para ser honesto, mesmo sabendo seus valores, é difícil saber se alguém tem adesão a eles em entrevistas de trinta minutos. Por isso, preparamos algumas dicas para ajudá-lo neste processo.

Elencamos aqui cinco perfis que você deveria conhecer para encontrar o melhor candidato para a sua necessidade. Temos certeza de que ajudarão você a entender o perfil e o momento de vida do seu candidato. Importante: não existe perfil bom ou ruim, existe perfil que se encaixa com o que você está buscando. São eles:

1. **Segurança:** pessoas que dão muito valor à segurança costumam buscar estabilidade. Elas tendem a se encaixar em ambientes com baixa volatilidade, como algumas grandes empresas de determinados setores ou cargos públicos. E costumam sofrer em empresas como *startups*, onde as prioridades mudam o tempo todo e correm-se muitos riscos. Se você está no segundo caso, essa pessoa pode causar interferência para seu negócio. Por mais talentosa que seja, ela provavelmente sofrerá em uma empresa assim. Atenção, pois pode ser um momento de vida, como, por exemplo, alguém que teve filhos recentemente.

2. **Remuneração:** pessoas movidas por dinheiro não costumam ficar muito tempo em uma empresa. Portanto, a não ser que seja uma vaga temporária ou um momento que demande um talento específico, evite pessoas com esse perfil. Elas estão sempre de olho na próxima oportunidade para ganhar mais, na sua empresa ou em outra. A ausência de conexão por propósito entre candidato e empresa é, na nossa visão, uma falha grave e que deve ser evitada. Claro que ninguém trabalha de graça ou por caridade, mas busque o que chamamos de "ganância boa". É diferente da ganância por ganância.

3. **Equilíbrio entre vida pessoal e profissional:** semelhante ao perfil de pessoas que dão muito valor à segurança. Não quer dizer que não são boas, mas precisam ser encaixadas em situações pertinentes ao seu momento ou perfil. Não coloque um sujeito que busca equilíbrio entre a vida pessoal e profissional para trabalhar de um projeto com características de *startup*, porque ele será infeliz. Na hora em que o trabalho chegar ao limite, isso vai gerar interferência. Já em projetos sociais ou ONGs que tenham um ritmo mais calmo, esse é um perfil que costuma desempenhar muito bem, para ficar em um exemplo. Lembre-se do conceito de balanço que abordamos anteriormente.

4. **Desenvolvimento profissional:** pessoas que estão buscando se desenvolver profissionalmente são nossas favoritas. Elas entendem que estão ali porque estão aprendendo. Essas pessoas costumam ter alto índice de realização. Elas crescerão com o negócio. O desafio na gestão dessas pessoas é que elas costumam se entediar muito facilmente a não ser

que sejam permanentemente desafiadas. Em geral, são *fast learners*, pessoas que aprendem coisas novas muito rápido e sempre buscam mais.

5. **Reconhecimento:** pessoas que buscam reconhecimento costumam dar um pouco mais de trabalho na gestão, porque demandam horas de conversa, mas, ao mesmo tempo, é um perfil que costuma ser muito leal e parceiro. A pessoa está junto com você nas horas boas e nas ruins! O combustível dela não é dinheiro, é sentir que faz parte de algo maior e ter sua contribuição reconhecida. Ela quer fazer história com você!

Contratar é somente o primeiro passo e, talvez, o mais fácil quando o assunto são pessoas. Afirmamos que você deve buscar as melhores pessoas que puder porque elas serão o ativo mais importante para o seu projeto. Mostramos que essas pessoas podem vir em vários modelos, de CLT a prestador de serviço, passando por consultor e sócio minoritário, só para ficar em alguns exemplos. O importante é trazer os melhores e mantê-los alinhados ao seu propósito. Alertamos também para que se busque profissionais com perfis complementares.

Agora, vamos tratar da gestão dessas pessoas no dia a dia. Na hora de reter esses talentos. Se você foi capaz de atrair grandes talentos para seu projeto, tenha certeza de que eles serão permanentemente assediados por outras empresas. Faz parte do jogo. Como fazer com que sua equipe esteja sempre andando no limite da entrega e da satisfação?

Na gestão de pessoas na Nova Economia, não existe distinção entre funcionários ou não funcionários. Existe quem está comprometido com o projeto. Por isso, para que essa rede funcione, é preciso que ela tenha alinhamento não somente de propósito, mas também de estratégia e execução. Na Netshoes, chamávamos isso de "andar em bloco". Quando a empresa tem 5 ou 10 funcionários, é fácil que todos estejam alinhados, mas e quando estamos falando de 1.000 funcionários?

Quando as equipes começam a andar em sentidos diferentes, há desperdício de recursos. E lembre-se de que estamos trabalhando com o conceito de produto minimamente viável (*Minimum Viable Project*, MVP). É custo mínimo, gente! Não dá para jogar nada fora. Queremos dar três dicas que ajudarão sua equipe a andar em bloco:

1. **Firmeza no propósito:** toda vez que houver uma cisão no grupo, lembre-os de onde quer chegar, relembre de seu propósito. Pode estar claro na sua mente, mas talvez nem todos tenham entendido o que moveu você ao criar essa empresa. É bem comum ver um grupo batendo cabeça em uma reunião, e quando um dos membros da equipe relembra o motivo que fez nascer o projeto, o trabalho começa a andar. Sempre que houver divergências, acione o propósito. Ele é a cola do grupo, tem que ser dito, escrito e praticado constantemente.

2. **Clareza nos objetivos:** é estranho, mas comum, que os objetivos para o ano não estejam definidos dentro da empresa. Claro, eles podem variar de acordo com as mudanças do mercado, mas você precisa definir os objetivos para o ano antes de tudo, ou não terá um guia para fazer os objetivos do trimestre, do mês, da semana, do dia. Defina isso o quanto antes e certifique-se de que todos estejam por dentro.

3. **Administração por OKRs (*Objectives and Key Results*):** alinhe três desafios por trimestre com as pessoas da equipe e acompanhe esses pontos semanalmente, dando sinal verde, amarelo ou vermelho para o desenvolvimento de cada uma. Dê *feedbacks* constantes para cada uma delas para que todas saibam para onde estão indo, se estão cumprindo o combinado e, se não estiverem, como corrigir a rota rapidamente.

Finanças e governança

Empreender é trabalhoso mesmo. Não basta ter a ideia, tem que implementar, ralar, suar. Todo o dia. E para isso precisa de gestão, a rotina e disciplina dos OKRs, a atuação específica em desempenho de marketing e vendas, o entendimento do cliente como peça central, as inovações em ciclos curtos e, em meio a tudo isso, ainda ter as pessoas certas e engajadas. Só isso? Não. Infelizmente um elevado percentual da taxa de mortalidade de negócios no Brasil está relacionado à má gestão financeira.

Dizem que o prejuízo agride uma empresa, mas quem mata é o caixa. Não existe erro mais comum na gestão financeira que olhar exclusivamente para a rentabilidade da empresa, se empolgar com os lucros e se perder na gestão diária do caixa, morrendo na praia sem dinheiro para pagar fornecedores ou endividado a juros altos com o banco.

O empreendedor olha o fechamento do mês sob a lógica de competência e fica feliz porque o resultado é positivo, mas esquece do dia a dia do caixa – o dinheiro que deve estar disponível para pagar contas e fornecedores. Parte dos empreendedores procura financiamento em bancos e, num país como o nosso de juros estratosféricos, fica tudo muito, muito mais difícil.

Longe de sermos especialistas no tema e querer fazer um manual dessa questão, apenas queremos destacá-la para fechar essa reflexão sobre estrutura de aceleração de negócios e de sua carreira, dois pontos essenciais para sua atenção.

A. Gestão de caixa: prepare-se para o melhor, espere o pior!

Em nossa experiência com empresas da Nova Economia é impressionante a quantidade de vezes que encontramos negócios bem-sucedidos com suas ideias e posicionamento de marca, mas sem nenhuma estrutura financeira. Veja bem, isso é reflexo, em certa medida, da cultura em que o indivíduo nasce. Afinal, quantas pessoas você conhece que não controlam bem suas receitas e despesas? Que já tiveram problema com cartão de crédito (e pagam os absurdos juros anuais que passam dos três dígitos)?

O primeiro ponto é o básico: saiba e tenha um bom controle de suas receitas e despesas. Sem esse controle você pode achar que está fazendo sucesso e logo se ver quebrado. Como já mencionamos, empresas morrem por ausência de caixa.

Portanto, o princípio básico é ter visibilidade. O ideal é elaborar uma boa planilha com projeção diária de receitas e despesas com horizonte de pelo menos seis meses. Entenda tudo que vai entrar e tudo que vai sair em cada dia do mês. Antecipe eventuais pontos de estrangulamento, imagine onde poderá haver atrasos nos pagamentos. Aqui não estamos falando de termos de contabilidade, de entender o que é custo x despesa ou o que é receita por competência. Estamos falando do básico. É fundamental, enquanto profissional e enquanto empreendedor, entender o seu oxigênio, a sua capacidade de respirar. Ter fôlego para, como diria Jim Collins, ficar acima da linha da morte!

Caso seja um profissional, entenda seu limite para investir na sua carreira ou no seu sonho. Todo mundo tem contas para pagar, sejam as suas ou de quem você sustenta. Tenha clareza do seu custo mensal e saiba quanto tempo consegue investir em estudo, ou em algo voluntário, ou até mesmo em algum trabalho que não o financie por completo. Dimensione seu caixa e saiba com antecedência o momento em que precisar rever suas escolhas para não entrar no desespero!

A ideia de empreender é superdefensável, mas somos a favor de que todos tenham clareza do seu limite. Você tem filhos ou sustenta seus pais? Tem responsabilidade financeira. Entenda seu limite, sua reserva, e construa um caminho sustentável. O pior cenário é ser pego desprevenido. Quando se surpreender de que não tem dinheiro para nada! Para manter as rédeas é vital ter controle financeiro.

No horizonte da empresa isso não pode ser diferente. Tenha clareza dos seus compromissos e das suas obrigações financeiras, conheça suas fontes de receita. Cuidado na projeção: planilha aceita tudo! Seja bem pragmático para ter um cenário conservador e entender o fôlego do seu negócio. Não adianta ter um cenário otimista de receita, gastar esperando o melhor e acontecer o pior: vai quebrar!

A boa notícia é que estamos falando de um princípio bem simples. Controle e tenha um planejamento. Saiba o quanto tem disponível para gastar, busque gastar o mínimo e fazer caixa. Dê um passo do tamanho da sua perna até ganhar confiança. Vale reforçar duas questões já discutidas anteriormente:

- Saiba o que você sabe e o que não sabe. Para isso, encontre pessoas, funcionários, consultores ou sócios para apoiá-lo e suprir suas lacunas.
- Encontre uma forma de ser enxuto nas despesas e foque em provar que sua ideia é bem-sucedida! O coração do negócio é conquistar clientes.

Caso você tenha um bom negócio nas mãos, esteja certo de que dinheiro no mundo não falta. É *commodity*! A questão é entender como acessar e ter clareza das opções.

B. Captação de recursos

O Brasil evoluiu e ainda está evoluindo na forma como as empresas se financiam. Cada vez mais temos um ecossistema robusto para apoiar *startups*. Temos acesso ao mercado de capitais, e ver uma empresa como a Netshoes fazer história ao acessar diretamente o mercado norte-americano, sendo negociada na Dow Jones é um orgulho.

Assim, o importante é ter a clareza de que dinheiro é consequência. Foque no seu produto ou serviço. Não por acaso estamos falando de dinheiro apenas no final. Boas ideias sempre conseguem ser financiadas, é preciso ter clareza de como se organizar e entender como o mercado funciona.

Antes de apresentarmos as etapas de captação de recursos pensando em investidores externos, é importante abordar os tipos de investidores e suas consequências.

Assim como falamos sobre pessoas, ter um sócio capitalista, ou seja, um investidor, é algo que deve ser muito bem ponderado.

Tudo o que falamos sobre adesão de cultura é válido. Escolher errado pode ser o fim do seu sonho, pois ele será vendido para outra pessoa. Portanto, tenha uma boa assessoria para fazer qualquer negócio que envolva sociedade.

A clareza de regras, acordos, estatutos e contratos é fundamental. E só nos damos conta disso tarde demais. Na hora em que assinamos, tudo é festa e comemoração. O problema é que no momento do estresse o que vale é o contrato, o que está escrito. Portanto, muito cuidado com isso.

Existem três tipos básicos de forma de captação de recursos:

1. **Recursos próprios** (*Bootstrapping*, em inglês): você ou seus sócios fundadores direta ou indiretamente (às vezes acontece aquele financiamento de "pai para filho") aportarão recursos para o início do negócio. Aqui é preciso ter claro que o limite é perder tudo que foi investido. Faz parte do jogo, é o risco de empreender. O importante é saber o limite da sua responsabilidade e do seu oxigênio. Caso use dinheiro da família, deixe tudo claro com eles e trabalhe com ainda mais pressão positiva para fazer acontecer. Em qualquer caso tenha as provisões mínimas para o pior cenário (p. ex., se tiver funcionários CLT, tenha um fundo de contingência sempre guardado). A grande vantagem desse tipo de financiamento é que, por serem recursos seus, sua exposição é menor e seu controle é total (100% da empresa é sua).

2. **Recursos de terceiros**: aqui é a ideia de dívida, de pegar dinheiro emprestado. Atenção: não é crime pegar dinheiro emprestado. Culturalmente, muitas vezes as pessoas têm medo de dívida. Dever não é ruim, ruim é não ter condição

de pagar. Assim, tenha clareza do que está financiando, confira a taxa de juros para ver se é vantajoso, entenda o que é colocado em garantia. Existem várias linhas de financiamento e algumas apoiam o empreendedor e entendem o grau de risco. O importante é que é preciso ter condições de quitar a dívida assumida. Pode ser uma oportunidade para investir e crescer sem perder o controle, pois você continua sendo dono de 100% da empresa, mas assume obrigações e o importante é entender que a aplicação deve garantir retorno em termos de receita para pagar o empréstimo.

3. **Recursos de investidores**: aqui estamos falando em vender um pedaço da empresa, ter um sócio. E nesse sentido estamos falando que suas decisões não serão mais 100% suas. Vale o acordo de sócios. A grande vantagem é que você ganha fôlego e, se bem escolhido, um parceiro de grande valor para a evolução do seu negócio. Quando você capta um investidor, pode colocar o dinheiro dentro da empresa (*cash-in*) ou no bolso dos fundadores (*cash-out*). Cabe entender o tipo de momento de cada empresa e de seus sócios fundadores e avaliar a melhor equação, que pode envolver uma variedade de *cash-in* e *cash-out*. Em cada etapa do desenvolvimento de uma empresa, ela recebe um tipo de investimento que leva um nome diferente. De investimento anjo a *private equity*, são diversas fases.

O maior cuidado em qualquer momento pós-captação de novo recurso é de entender o dia seguinte: captar é uma vitória, mas é apenas o começo de um novo campeonato!

Para cada tipo de escolha existem compromissos distintos assumidos, e isso envolve maturidade de governança. Esta envolve a forma como você presta contas para seus sócios, para terceiros e para a sociedade. São um conjunto de práticas que respaldam seus processos de controle. Tenha em mente que uma empresa que quer crescer precisa, no momento certo, investir em governança. É importante ter processos de controle, e isso envolverá muito de sua equipe e da cultura de fazer "do jeito certo". É ter legalidade e transparência como pilares.

Certamente, esse tema exige muito mais que um breve parágrafo. Não nos aventuramos para não soarmos levianos. Todo elefante nasce pequeno e ágil, sabe dançar e pode, por que não?, voar como o Dumbo! Na medida em que crescem, aqueles que conseguem ser bem-sucedidos precisam inevitavelmente ter as boas práticas que exigirão controles e processos. Isso implica em perda de agilidade, mas de modo algum precisa representar o fim da capacidade de inovar e ter esse ambiente de *startup*.

Uma das discussões mais populares do momento em relação às *startups* é relacionada à lógica de financiamento x rentabilidade. Se você tem um pequeno negócio familiar, como um restaurante ou um *pet shop*, você precisa se provar e dar lucro desde o primeiro dia. PMEs (Pequenas e Médias Empresas) que não são rentáveis não costumam ter vida longa em um país como o Brasil. O mesmo não pode ser dito sobre *startups*. Uma das influências que a lógica de empreendedorismo do Vale do Silício trouxe ao Brasil foi a dinâmica de empresas que não buscam lucro desde o primeiro mês. Elas buscam crescer e às vezes dão anos de prejuízos (que são financiados por investidores) sem que isso seja um problema, desde que elas estejam ganhando *market share*. Em algum momento, elas buscarão o lucro, ou serão vendidas, ou farão uma abertura de capital.

Portanto, como já mencionado, as fontes de acesso ao capital são cada vez maiores e mais estruturadas no Brasil, o importante é se concentrar não em sonhar com o final desse ciclo, mas em gastar energia para iniciar seu projeto e dar vazão aos seus sonhos!

Recursos, sejam eles na forma de pessoas ou dinheiro, são variáveis e limitados. Sua gestão deve ser feita com muita disciplina e de forma inconformada, tirando o máximo possível de ambos.

5. *Champion* x *Challenger*

Deixamos esse conceito para o fim porque se trata, sem dúvida alguma, do conceito mais importante desta terceira parte do livro. Ele é o motor de toda empresa exponencial. Chamamos de Modelo *Champion* x *Challenger* ou, na tradução, Campeão x Desafiante. Entender e aprender a executar esta metodologia pode trazer muitos frutos à gestão do seu negócio, qualquer que seja ele.

O modelo foi criado por nós de maneira 100% empírica, a partir da vivênvia nos anos de crescimento exponencial da Netshoes. Essa metodologia que nasceu de maneira bastante instintiva foi, pouco a pouco, sendo aprimorada até que a Organica permitiu que fizéssemos o refinamento final após aplicá-la em mais de 40 empresas que passaram pela aceleradora.

Descubra seu modelo campeão

Vamos começar com o modelo campeão. O seu modelo campeão é aquele que o trouxe até aqui. Bom ou ruim, não importa, toda empresa tem um modelo campeão. Se você ainda não começou seu negócio, seu modelo campeão será a forma que você encontrar para gerar vendas e receita. Por mais que as pessoas o critiquem e apontem melhorias, ele já é vencedor e importante por ter trazido a empresa ao seu momento atual. Todas as vendas e receita geradas não aconteceram em um passe de mágica. Por trás delas, existe um modelo de gestão que é o seu modelo campeão. Imporante: não existe modelo perfeito. Todos eles têm prazo de validade – levam empresas a um patamar de vendas até que começam a apresentar sinais de exaustão e se esgotam. Esse é o princício que queremos apresentar aqui.

Quando isso acontece, um novo modelo campeão deve vir para substituí-lo. É possível fazer uma analogia com um piloto que está dando voltas na pista com um carro de Fórmula 1. Primeiro, ele faz um novo traçado e tira segundos, depois faz novos ajustes e lá se vão centésimos, mais tarde, com alterações mínimas, ele consegue reduzir outro tanto. Até não ter mais como melhorar. O aprimoramento no desempenho é cada vez menor ou igual a zero. Chega uma hora que esse modelo se esgota, precisa ser mexido. Para isso, ele para no box. Trocam-se os pneus, trocam-se algumas peças, fazem-se ajustes para voltar para a pista e recomeçar o processo.

Imagine uma empresa que tenha um e-commerce de sapatos sociais e que gerou um grande ciclo de vendas após fechar parcerias com empresas que vendem camisas sociais e paletós. A cada novo acordo, uma nova leva de clientes é convertida. Metas são batidas. Recordes de vendas. Acontece que, de repente, esse modelo começa a se esgotar. A empresa não consegue mais fechar tantas parcerias. As atuais não geram vendas como antes. O dono dessa empresa precisa descobrir um novo modelo que substituirá o anterior na missão de gerar vendas. Porque o atual já não tem força para bater as metas desenhadas por ela. Então, o que essa pessoa pode fazer? Aguardar as vendas caírem ainda mais e jogar a culpa em alguém ou se reinventar e pensar em novas maneiras de vender mais?

Um erro de muitos gestores nas empresas da Nova Economia é não perceber que precisam ser os primeiros a destruir seu próprio modelo campeão – antes que ele acabe. Quando esses profissionais chegam, eles criam seu modo de gerir, implementam o modelo e a coisa vai bem. Só que, depois de um tempo, o desempenho começa a cair. E, por ter se empenhado tanto naquele modelo, por ter criado aquele método, eles acabam não conseguindo deixá-lo para trás para criar uma nova fórmula. **Eles se apegam a modelos vigentes e não sabem a hora de deixá-los para trás, quando deveriam estar fazendo o contrário: antecipando-se à exaustão do modelo atual e considerando novas possibilidades para substituí-lo.** Cuidado com essa miopia. Seja pragmático. Saiba a hora de se reinventar. Não espere seu chefe trocar você por alguém capaz de criar um modelo desafiador superior ao seu. Não chegue a esse ponto. Destrua seu próprio modelo de negócios antes que algum concorrente faça isso em seu lugar.

Nossa dica: questione o modelo que está dando certo enquanto ele ainda dá certo. Questione o modelo ainda no auge do desempenho. Em cinco anos de Netshoes, usamos 11 modelos diferentes de marketing. Reinventamos algumas vezes antes que ele chegasse ao limite. Você deve fazer o mesmo e mudar seu próprio modelo vencedor constantemente. Desafiá-lo para que venha um novo e melhor. O crescimento exponencial não é uma linha reta, mas feito por pequenos ciclos em que o seguinte sempre o leva a um ponto mais alto (Figura 4).

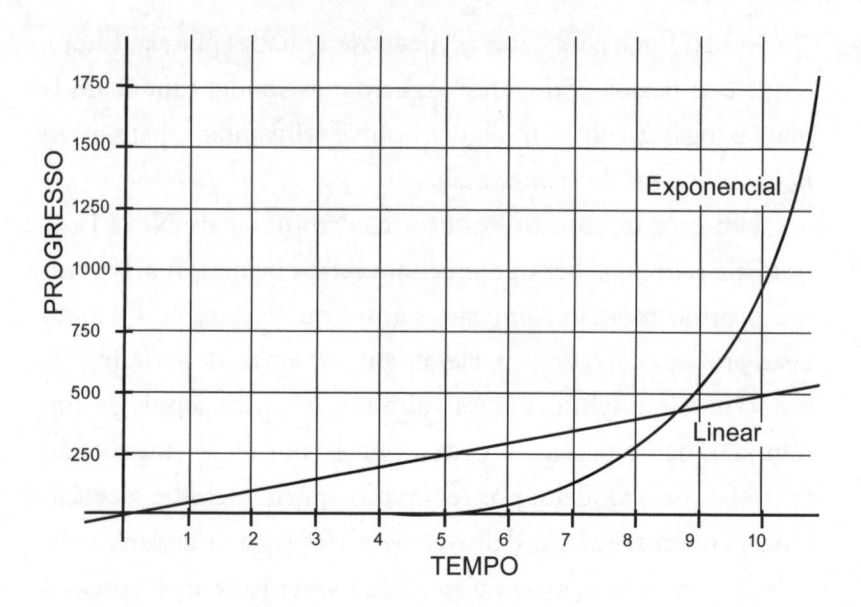

Figura 4 – Crescimento exponencial.

Levante hipóteses, teste, aprenda e escale

Gostaríamos que você fizesse o seguinte exercício: descubra qual é o seu modelo campeão, aquele que o trouxe até aqui. Olhe para os resultados que você está alcançando, para os processos, para a equipe e para as tecnologias que estão sendo usadas. Destrinche cada detalhe do seu modelo atual e entenda por que ele funcionou até o momento. Agora, pergunte-se como você faria tudo diferente. Dê um passo para trás, olhe tudo de fora. O que você faria se tivesse que começar do zero hoje? Se tivesse uma folha em branco, como desenharia esse novo modelo? Você tem que sair dessa realidade que está vivendo. Imagine que está em seu primeiro dia de trabalho, entrando no departamento pela primeira vez. Questione tudo. Uma das coisas que você vai perceber ao fazer perguntas é que as pessoas entram no piloto automático. Elas fazem as coisas de certo jeito, sem questionar, apenas porque é algo que já está preestabelecido. Então você precisa provocá-las. Questione processo, equipes, resultados, tecnologias. Esse é o momento de não ter "NÃOs". Não consigo, não tenho recursos, aqui não dá, não é para mim... Tire os nãos e transforme-os em SIMs. É a hora de ter ideias mirabolantes. Não tem problema. Mais adiante o próprio processo irá expurgar as ideias que não fazem sentido. Não é hora de querer fazer, é a hora de querer descobrir. Coloque todas as ideias no papel, pire! É hora de *brainstorm*.

Nesse processo, um dos desafios é realmente sair do dia a dia, se desvencilhar emocionalmente, como se você não tivesse nada a ver com a empresa. Depois disso, você questionará tudo e encontrará várias oportunidades. Para não perder tempo, após listar em um papel todas essas oportunidades de melhorias você deve fazer duas coisas: hierarquizar e testar. Tudo muito rápido, simples assim. Para hierarquizar, você vai voltar para a Matriz RFE (apresentada na Parte II, volte lá e relembre). Ela deve ajudar você a identificar qual ideia deve ser testada primeiro.

Na sequência, escolha no máximo três hipóteses para serem testadas. Não mais que isso. Selecione um dinheiro que poderá ser perdido. Lembre-se, isso é um teste e não há certeza alguma de ele irá triunfar. Reúna as pessoas necessárias para rodar esse teste. Acredite que ele será vencedor. Você vai precisar de energia total para fazê-lo vingar. Lembre-se de que isso é uma hipótese e que o formato é de teste. Como se testa? Erro pequeno, aprendizado rápido. Ou seja, testes rápidos e baratos. Como sei se algo deu certo?

Você precisará testar até ter evidências reais e – de preferência – numéricas. Então deverá comparar para entender se o novo modelo, o que você montou por último, tem maior potencial que o atual. Nem sempre é performance financeira. Pode ser mais rápido, mais fácil, ter maior escalada. Não sabe a qual referência recorrer? Consulte seus KPIs. Ali estão os números que realmente importam.

Não aplique o modelo todo de uma vez. Quer dizer, não dê cavalo de pau na sua empresa. Teste o modelo novo em, por exemplo, 5% ou 10% da sua base de clientes. Se ele for melhor que o modelo campeão nesses 10%, aplique em mais 10%. Faça assim repetidamente, aumentando o alcance do teste. Novamente, teste e ajuste até conseguir evidências de que o modelo pode ser melhor. Normalmente, um teste bem-sucedido para mais de 65% pode ser aplicado para a base toda. Se isso acontecer, você encontrou seu novo modelo campeão.

Como mencionamos, teste rápido e barato. Erre rápido e barato. Ideias que avançam seguem em frente. Ideias que não triunfam ficam para trás. Mais racional, menos emocional.

Claro que, no momento em que você aplica esse novo modelo, ele entra em uma fase de teste com toda a equipe. Haverá um período para que ele seja reajustado e aplicado, até que finalmente comece a dar sinais de desgaste e precise ser substituído por outro modelo desafiador. Mas quando é que você precisa pensar nesses modelos desafiadores? Não espere os sinais de desgaste aparecerem. Pense nisso o tempo todo. Esse exercício é constante, não tem momento certo do ano ou do mês para aplicar.

Resumindo:

1. Descubra o modelo campeão (atual).
2. Questione tudo!

3. Hierarquize usando as matrizes RFE.
4. Vá para o modelo de testes.
5. Elimine testes que não deram certo.
6. Escale hipóteses vencedoras.

Importante: *Champion* x *Challenger* não é uma ação isolada, é um modelo de gestão. Deve ser aplicado em toda empresa. Não é algo de marketing ou vendas, é uma forma de pensar. É um modelo que deve ser aplicado em todas as empresas independentemente do setor de atuação ou do tamanho de cada uma delas.

A empresa vencedora na Nova Economia é aquela que aprende mais rápido, já mencionamos isso várias vezes. Portanto, não dá para ficar esperando a coisa desandar para buscar a mudança – vide Kodaks, Blockbusters e Groupons da vida. Não existe mais aquela sacada que garante a você a dianteira do mercado por anos. A velocidade hoje é muito maior e você tem que testar novos modelos sem parar.

Encontrou um modelo vencedor? Comece tudo de novo. Sim, é cansativo. É exaustivo. Mas não tem outro jeito. Sature o mais rápido possível o novo modelo campeão para questioná--lo novamente. Quanto mais for feito, mais rápidos serão os ciclos de aprendizado e ganho de competitividade. Quanto mais rápido você implementar o novo modelo, mais rápido você será desafiado para criar um modelo novo melhor ainda. Quanto mais rápido você conseguir criar um novo ciclo e fechá-lo, mais inovadora será sua empresa. Mais rápido crescerá sua empresa. Mais distante da concorrência ela ficará e, assim, mais segura será sua posição na nova economia.

Leve isso para sua vida, leve isso para sua empresa. Torne o *Champion* x *Challenger* sua filosofia de gestão, sua filosofia de vida. Leve isso para você.

Reinvente-se sempre. MUDE OU MORRA!

NOTAS

PARTE 1

1. "The future of Jobs: Employment, Skills and Workforce Strategy for the Fourth Industrial Revolution", World Economic Forum, jan. 2016. Disponível em: <www3.weforum.org/docs/WEF_Future_of_Jobs.pdf>. Acesso em: 27 jan. 2018.

2. "The Toxic Terabyte: How Data-Dumping Threatens Business Efficiency", IBM Global Technology Services, jul. 2006. Disponível em: <http://www-935.ibm.com/services/no/cio/leverage/levinfo_wp_gts_thetoxic.pdf>. Acesso em: 27 jan. 2018.

3. "If You're Not Embarrassed By the First Version of Your Product, You've Launched Too Late", The Business Insider, 13 nov. 2009. Disponível em: <http://www.businessinsider.com/the-iterate-fast-and-release-often-philosophy-of-entrepreneurship-2009-11>. Acesso em: 27 jan. 2018.

4. RIES, Eric. *A startup enxuta*. São Paulo: Leya, 2012. Sobre o movimento Lean Startup veja: <http://theleanstartup.com>.

5. SLYWOTZKY, Adrian J. *Criando demandas*. São Paulo: Elsevier, 2011.

6. THIEL, Peter. *De zero a um: o que aprender sobre empreendedorismo com o Vale do Silício*. Rio de Janeiro: Objetiva, 2014.

7. HOROWITZ, Ben. *O lado difícil das situações difíceis*. Rio de Janeiro: WMF Martins Fontes, 2015.

8. WIZARD, Carlos. *O maior erro que cometi na vida*. Linkedin Pulse, 2016. Disponível em: <https://www.linkedin.com/pulse/o-maior-erro-que-cometi-na-vida-carlos-wizard-martins>. Acesso em: 27 jan. 2018.

9. "No Brasil, metade das empresas não chega ao terceiro ano", Veja.com, 2012. Disponível em: <http://veja.abril.com.br/economia/no-brasil-metade-das-empresas-nao-chega-ao-terceiro-ano/>. Acesso em: 27 jan. 2018.

10. Para aqueles que se encontram na difícil missão de introduzir inovação em ambientes de culturas de grandes corporações ou de histórias de décadas, vale a leitura de *De onde vêm as boas ideias* (Rio de Janeiro: Zahar, 2011), de Steven Johnson, para inspirar um pouco mais a forma de criar esse novo ambiente.

11. Um dos pilares para o desafio de construir a cultura de valorizar o erro perpassa o modelo mental. Nesse sentido, uma

leitura de grande valor é: *Mindset: a nova psicologia do sucesso* (Rio de Janeiro: Objetiva, 2017), de Carol Dweck.

12. Leitura interessante sobre hábitos é *O poder do hábito: porque fazemos o que fazemos na vida e nos negócios* (Rio de Janeiro: Objetiva, 2017), de Charles Dohigg.

13. Outra leitura curiosa também relacionada a hábitos, mas que visa maior doutrinação na obsessão de focar é: *A única coisa: o foco pode trazer resultados extraordinários para sua vida* (Barueri: Novo Século, 2014), de Gary Keller e Jay Papasan.

AGRADECIMENTOS

À Camila, esposa, mãe, editora e companheira em todos os meus sonhos nesta e em outras vidas. Ao pequeno Joaquim, que um dia vai ler este livro; à sua irmã, Grey; à minha mãe, Zeza; ao meu pai, Manoel (*in memoriam*); e aos meus irmãos: Fábio, Paulo e Bia.

(Renato)

À Mari, primeira pessoa que ouviu meus planos, acreditou e trabalhou comigo na Organica. Às minhas três filhas: Laura, Olivia e Carolina; aos meus pais, Ronaldo e Monica; e aos meus irmãos, Fabas e Petrus.

(Roni)

E também não podíamos deixar de agradecer:

Ao Éder Campos, editor incansável, crítico implacável, debatedor inigualável, grande amigo, quase um coautor. Você elevou o nível da conversa!

À Fabi Correa, pelo trabalho de ouvir nossas gravações e transformar vídeos nas primeiras referências de texto. Nada teria saído do papel sem seu suor!

Ao pessoal da Apex Brasil, pelo lançamento internacional deste livro no South by Southwest (SXSW), em Austin!

À Aída, ao Cassiano e a toda equipe da Editora Planeta, por acreditarem na gente e serem parceiros desde o início. E ao Diego Trávez, nosso agente supercompetente da DMT, por ter feito a ponte para que nos conhecêssemos.

A todos aqueles que se denominam (ou se denominaram) um dia de ORGANICOS!!! Priscilla, Bruno, Lu, PP, Vini, Mau, Paola, Wagner, Flavia, Kat, Jaques, Santiago, Sandra e Didi. A todos nossos clientes, fornecedores e parceiros de negócios. Muito deste livro é fruto de nossas vitórias e aprendizados diários!

Aos amigos da Estação Coworking, onde tudo começou e onde tudo acontece até hoje.

Aos nossos amigos-irmãos do INTERSÍTIOS. Nossa segunda família. *Amisade* e Bola sempre!

Por fim, mas não menos importante, um muito obrigado ao Marcio Kumruian, CEO e fundador da Netshoes, pelos ensinamentos, pelas porradas, pela paciência, pela amizade e por ceder um tempo que não tinha para escrever o prefácio deste livro. Você é o cara! #Orgulho

VOCÊS TODOS SÃO FODAS! NÃO SOMOS NADA SEM VOCÊS!!!

Este livro foi composto em Adobe Garamond Pro e impresso pela Intergraf
para a Editora Planeta do Brasil em fevereiro de 2018.